这才是你该追的星

茅以升

付小平　付翊霖 / 编著
于　尧 / 绘

电子工业出版社
Publishing House of Electronics Industry
北京·BEIJING

未经许可，不得以任何方式复制或抄袭本书之部分或全部内容。
版权所有，侵权必究。

图书在版编目（CIP）数据

这才是你该追的星．茅以升 / 付小平，付翊霖编著；于尧绘．—北京：电子工业出版社，2023.3

ISBN 978-7-121-44236-0

Ⅰ．①这⋯ Ⅱ．①付⋯ ②付⋯ ③于⋯ Ⅲ．①茅以升（1896－1989）—生平事迹—少儿读物 Ⅳ．① K826.16-49

中国版本图书馆 CIP 数据核字（2022）第 171048 号

责任编辑：杨雅琳
印　　刷：天津善印科技有限公司
装　　订：天津善印科技有限公司
出版发行：电子工业出版社
　　　　　北京市海淀区万寿路 173 信箱　邮编：100036
开　　本：880×1230　1/32　印张：21.5　字数：430 千字
版　　次：2023 年 3 月第 1 版
印　　次：2023 年 3 月第 1 次印刷
定　　价：168.00 元（全 5 册）

凡所购买电子工业出版社图书有缺损问题，请向购买书店调换。若书店售缺，请与本社发行部联系，联系及邮购电话：(010) 88254888，88258888。

质量投诉请发邮件至 zlts@phei.com.cn，盗版侵权举报请发邮件至 dbqq@phei.com.cn。

本书咨询联系方式：(010) 88254210，influence@phei.com.cn，微信号：yingxianglibook。

我为什么要写这套书
——这是写给父母看的

当我家二宝小雨四岁多时，有一天，我们全家一起在外面散步，他突然看见路边长着一种锯齿形的野草，于是就欣喜地蹲下来仔细观察。等他起身后，我给他讲了鲁班通过仔细观察划破自己手的野草叶子发明了锯子的故事。

听完后，他竟然又蹲下身去再次观察路边的野草。一路上，他意犹未尽，不断地向我提了很多他好奇的问题：鲁班的手是不是很疼啊，他的锯子是用什么材料做成的呢，锯子是用来干什么的呀，等等。

从那以后，我每天都给他讲一个科学

家的小故事。比如，钱学森上小学时，折的纸飞镖飞得总是又稳又准；茅以升小时候因听闻南京秦淮河文德桥倒塌的事故而立下造桥宏愿；李四光从小就对石头感到很好奇；等等。

他每一次都听得津津有味，还会提出很多稀奇古怪的问题，有些我绞尽脑汁都回答不了。每当此时，我就和他一起翻看百科全书或上网去寻找答案。

最令我意外的是，凡是我给他讲过的故事，经过一段时间后，他仍对其中的一些细节记忆犹新，甚至还能内化于心、外化于行。

记得我曾给他讲过钱学森在上大学时主动要求老师给自己扣分的故事。没想到，在他上小学二年级时，一次平时测验后数学老师给他打了满分，他主动去告诉老师，自己有个地方应该扣分。

回家后，他一五一十地给我讲了这件事情。他还告诉我，正是一年前我跟他讲过的钱学森的那个故事，让他明白了诚实比分数更重要的道理。

其实，自从我坚持每天给二宝小雨讲一个科学家的故事起，我就在想，这些既有趣又有意义的科学家故事，应该是很多小朋友都爱听的，并且还会让他们受益终身。

既然如此，我觉得自己有必要将这些科学家的故事整理成适合青少年朋友们阅读的图书。当我把自己的想法跟电子工业出版社的老朋友潘炜老师交流后，我们一拍即合，决定正式出版一套给孩子励志的中国科学家系列丛书。

于是，三年多前，我开启了这套书的创作之旅，经过反复打磨、多次修改，终于在今年春节后全部定稿了。

作为这套书的作者，同时也是两个孩子的父亲，为了能让这套书尽可能帮助到孩子的成长，我想就家长朋友们关心的几个问题，分享几点自己的思考。

1. 为什么要让孩子读科学家的故事？

您或许会有这样的疑惑，我家孩子将来并不一定会成为科学家，那还有必要花时间读这套书吗？

我想说的是，每个孩子都有自己的人生志向，也不必都把孩子往科学家这条路上指引。但是，很多科学家之所以后来成了伟大的科学家，恰恰是小时候的某个经历为他播下了一颗种子，并在父母的极大鼓励和悉心呵护下，最终才长成了一棵参天大树。

我们这套书的第一辑，一共写了五位近现代的中国科学家，他们几乎都是家喻户晓的伟大人物，大部分在中小学课本中出现过，可以说每位科学家在孩子们的心目中应该都称得上是"大神"级的人物。

他们的一生中发生过无数故事，或可歌可泣，或惊心动魄，或催人奋进。这其中的某个或某些故事，最后很可能就在不知不觉中，成为激励孩子实现伟大梦想的那颗种子。这一点，或许才是最重要的。

2. 为什么要鼓励孩子把科学家作为偶像？

您或许会有这样的疑惑，孩子的偶像可以有很多，为什么一定要鼓励孩子把科学家作为自己崇拜的偶像呢？

我想说的是，每个孩子的偶像也许有很多，可以是北京冬奥会上那些拼尽全力才站到领奖台上的体育明星，也可以是足智多谋、运筹帷幄的政治家和军事家，还可以是文采飞扬、下笔如有神的文学家和大作家。但是，科学家身上有一种独特的精神和气质，能带给孩子们不一样的人格力量和学习动能。

我自己在写作和修改书稿的过程中，就一次又一次在精神上得到洗礼，在灵魂上得到升华，在人格上得到滋养。我相信，您的孩子在阅读科学家的故事时，也一定能收到同样的效果。更为关键的是，他们还是在人生观和价值观逐步成型的这一重要成长时期收获的。这其实也是我为什么要让正在读初中的大宝伊伊，一起参与部分书稿的撰写和修改的重要原因。

3. 为什么要采用第一人称写作？

您或许会有这样的疑惑，为什么要用第一人称模仿科学家本人的语气来写他们的故事？

我想说的是，全部采用第一人称的口吻、以科学家自述的方式撰写，主要是为了让孩子们感到更亲切，就像面对面听科学家讲自己的故事一样，让他们产生身临其境、历历在目的阅读快感，让孩子们跟随这些科学家去体验他们跌宕起伏的人生经历。

此外，我要特别指出的是，为了让孩子们从科学家的人生经历中获得人生启迪和成长智慧的同时，还能尽量收获更多的科普知识，进一步拓展孩子们的视野，我们特意在每本书的每个篇章增加了"科普小贴士"这个板块。请您记得提醒孩子在阅读过程中不要忽略了。

最后，我还想说的是，在写作每一位科学家的故事时，我们查阅了大量可靠的资料，甚至还专程跑到这些科学家的纪念馆或故居实地走访。无论从书中获得的详实资料，还是在现场得到的一手资料，都尽可能确保真实和准确。但也难免会有疏忽或不当之处，所以还请各位朋友不吝赐教，多提宝贵意见，以便我们在今后的再版中进一步修改和完善。

你为什么要追这些"星"
——这是写给孩子看的

每个孩子都喜欢听别人的故事，无论虚构的神话或童话中的人物，还是史书记载的真实人物，抑或是小说中描绘的各种角色。但科学家的故事是不一样的，它们既是真实发生过的事情，也是被载入史册的历史，更是让你倍感亲切的身边事。

当然，再催人奋进、惊天动地的故事，如果讲得不好，难免会显得陌生和遥远，让你觉得"他的事"压根就"不关我的事"。再生动美丽、活灵活现的故事，如果没有人好好来写，难免会显得枯燥和乏味，让你吊不起自己的"故事胃口"。

现在，这些伟大的人与事，通过第一人称自述的方式,即将在你手上这套丛书中鲜活起来,在你眼前这些画面和文字中灵动起来。

那些本来陌生的科学家,一一跃然纸上,把他们一生所经历的风风雨雨、所创造的各种奇迹,像朋友聊天一样与你分享。原本如流水账的"某年某月某日发生某件事",如今却像电视连续剧一般,在你眼前一幕幕地放映。

这样读故事,一定会让你感到无比痛快,既扣人心弦,又触及灵魂。

我们有幸生长在一个伟大的时代。伟大时代呼唤伟大精神,也需要伟大的榜样引领,而这些伟大的科学家,就是最值得你崇拜的偶像,也是你最应该追的"星"。

真正的偶像,一定会激发精神的力量。他们不仅是你的偶像,也很可能成为你的"幸运之神"。偶像对于我们的意义,就是要学习他身上的优点,弘扬他身上的精神,然后激励自己去成为他、超越他。

每一位科学家身上,都体现了"胸怀祖国、服务人民的爱国精神,勇攀高峰、敢为人先的创新精神,追求真理、严谨治学的求实精神,淡泊名利、潜心研究的奉献精神,集智攻关、团结协作的协同精神,甘为人梯、奖掖后学的育人精神"的科学家精神。我相信，这些精神，一定能带给你榜样的力量，永远滋养你的灵魂。

真正的偶像，一定会带来人生的引领。他们不仅是你的偶像，也很可能成为你的"梦想之神"。很多伟大的人物，虽然已经离开了这个世界，但并没有消失在黑夜里，反而化身为一颗颗耀眼的星星，照亮后人前行的路。

就像一百年前的李大钊先生，他就是那些希望改变中国、救亡图存的有志青年的偶像。每一位伟大的科学家，就是如今那些希望复兴中华、科技强国的有志青年的偶像。我相信，他们一定能带给你梦想的种子，始终指引你的人生航向。

真正的偶像，一定是会被时间记住的"明星"。他们不仅是你的偶像，也很可能帮助你消除对偶像的盲从。我们可以追的"星"有很多，但追星千万不可盲从。钟南山院士曾说过这样一句话："成为偶像的目的就是要更好消除年轻人对偶像的盲从，通过偶像学到他们对问题的看法，更多地问问为什么。"

我们真正应该追的"星"，他应该给人带来奋发的能量、向上的力量，能让我们成为更好的自己。就像把

这才是你该追的星
茅以升

一生写在稻田里,把功勋写在大地上,"把中国人的饭碗牢牢端在自己手中"的袁隆平院士。

真心希望这套丛书,能带给你不一样的快意阅读,能让你找到值得追一辈子的"星"。

现在,就请你跟我一起走进科学家的世界吧!

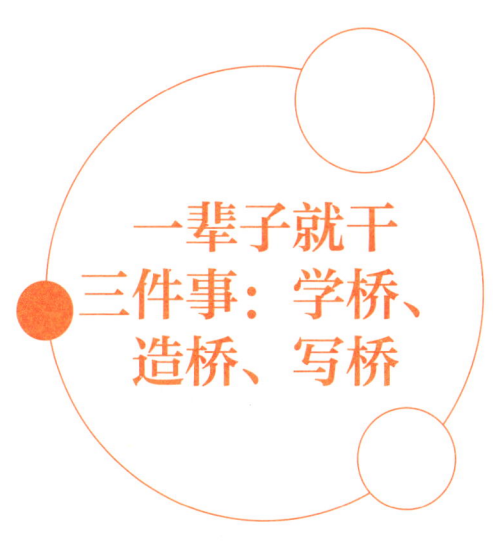

一辈子就干三件事：学桥、造桥、写桥

在我国桥梁史上，有一位伟大的科学家。他是中国桥梁工程学的重要奠基人，很多座大桥上铭刻着他的名字；他结束了近代以来我国铁路桥梁设计和建造由外国工程师垄断的屈辱历史，成为中国桥梁史上的一个里程碑式人物；他在国内外桥梁工程界享有很高的声望，被誉为"中国现代桥梁之父"。他就是我国土木工程专家、桥梁专家、工程教育家——茅以升。

他1916年毕业于西南交通大学（时称唐山工业专门学校[①]），1917年获美国康奈尔大学硕士学位，1919

[①] 1908—1912年，该学校名为唐山路矿学堂；1912年，学校更名为唐山铁路学校；1913—1921年，学校名为唐山工业专门学校。本书后文涉及此校时，以茅以升入学时的"唐山路矿学堂"相称。

这才是你该追的星
茅以升

年获美国卡内基理工学院（今卡内基梅隆大学）博士学位。

抗日战争前后，茅以升主持建造了钱塘江大桥，这是我国自行设计和主持施工的第一座双层铁路、公路两用桥。1937年，钱塘江大桥正式通车，不久，他便接到命令：炸掉大桥，不让日军占用！

抗战胜利后，茅以升带着精心保护下来的14箱资料回到杭州，克服重重困难，终于将钱塘江大桥修复。

1955年至1957年，茅以升还参加了新中国第一座现代化大桥——武汉长江大桥的建造。在武汉长江大桥建设过程中，他担任由中外专家组成的技术顾问委员会的主任委员，解决了14个难题。

1959年，他担任人民大会堂结构审查组组长，贡献了技术、经验和智慧。周恩来总理审查工程设计时明确指出要有茅以升的签名来保证。

茅以升一生致力于学桥、造桥、写桥，在中外报刊上发表文章共计200余篇，主持编写了《中国古桥技术史》《钱塘江桥》等书。在《桥梁远景图》中，他描绘了各种各样的桥。毛泽东称赞他"不仅是科学家，还是个文学家"。

1997年1月9日,我国国家天文台发现编号为18550的小行星,这一天正是茅以升的诞辰日。为了纪念茅以升的杰出贡献,国家天文台向国际小行星中心申请将其永久命名为"茅以升星"。

2019年9月25日,茅以升被评选为"最美奋斗者"。

目录

CONTENTS

- 001 —— 01　我是茅以升
- 004 —— 02　从小立下造桥宏愿
- 011 —— 03　刻苦求学，始于"奋斗"
- 017 —— 04　坚定技术报国的信念
- 028 —— 05　轰动两所美国大学
- 039 —— 06　最受学生欢迎的年轻教授
- 049 —— 07　受命"钱塘江造桥"
- 056 —— 08　历经"八十一难"
- 081 —— 09　不复原桥不丈夫
- 091 —— 10　为解放上海立功
- 096 —— 11　成为新中国的科学家
- 105 —— 12　生命的最后12年

01
我是茅以升

亲爱的读者们,你们好,我是茅以升,字唐臣。1896年1月9日,我出生于江苏镇江的一个书香世家。

我的爷爷叫茅谦,在我出生的前一年刚中了举人。在他准备进京考进士时,我出生了,于是,他给我取名"以升",希望我将来能够出人头地,使茅家后继有人,家业保持昌盛,也意寓着我们的国家繁荣富强。

1896年底,爷爷决定举家迁往求学环境更好的南京,当

时我11个月大。在南京，爷爷主要从事文化教育活动。1902年，他创办了《南洋官报》；1903年，他创办了养正学堂，后又创办达材师范学堂；晚年回到镇江，他又创办了城南学堂。

此外，他还参与了广东的治水工作，写了60多篇关于水利工作的文章。这对我后来选择攻读桥梁专业有较大影响。

爷爷有3个儿子，名字分别为乃登、乃封和乃经。我的爸爸叫茅乃登，是爷爷的长子。他在1897年考中秀才，做过《中外日报》和《申报》的记者，担任过书局的编辑，还当过国文教员。

我的妈妈叫韩石渠，靠自学读了很多书，能诗善文，见识过人。她经常对爸爸的文章提出中肯的意见，使文章更加完善。

我的父母一共生育了4个孩子，三男（以南、以升、以新）一女（以纯），我是家里的次子。

妈妈非常重视我们几兄妹的教育。妈妈的教诲、激励和指导在我人生的几个关键时刻起了重要的作用。

科学家小故事

他的出生在茅家引起了轰动

据说,茅以升呱呱坠地在茅家引起了轰动。他前堂饱满发亮,手心通红,肤色比一般婴儿红很多。接生婆对茅以升的家人说:"这个孩子将来大有出息,会给你们家带来好运。"

02
从小立下造桥宏愿

> **科普小贴士**
>
> ### 古代桥梁
>
> 最初,人类利用自然倒下的树木、自然形成的石梁或石拱、溪涧突出的石块、谷岸生长的藤萝等,跨越水道和峡谷。
>
> 人类有目的地伐木、堆石、架石为桥,始于何时,难以考证。渭水浮桥是中国有史料记载的最早的桥。
>
> 公元前1800年,古巴比伦王国建造了多跨的木桥,桥长达183米。公元前621年,古罗马建造了跨越台伯河的木桥。公元前481年波斯军队架起了跨越赫勒斯滂海峡(今达达尼尔海峡)的浮桥。公元前4世纪,古代美索不达米亚地区建起了挑出石拱桥(拱腹为台阶式)。
>
> 17世纪以前,桥梁一般用木、石建造,并依照建桥材料分为石桥和木桥。

开始对科学产生兴趣

3岁,妈妈开始教我识字。4岁,我被送到私塾读书。我的好奇心很强,遇到不懂的问题都要问个为什么,家里那些"稀奇古怪的东西",如留声机、钟表等,我都会拆开研究。

刚开始,我拆开这些东西后经常装不上。后来,我逐渐摸索出方法:拆东西之前,把一些零件非常仔细地画在纸上;组装时,照着"图纸"组装。这种方法非常奏效。此后,我就慢慢地拆卸、组装家里的各种机械工具,还学会了修理一些小物件。

我小时候特别爱玩,手脚也比较灵活,喜欢爬高梯、捉小鸟、捕树蝉。如果需要爬高挂东西或搬动家具,家人一般都叫我来弄。因为我在家排行为"二",又活泼好动,长辈给我起了个小名叫"二猴"。

七八岁时,我对科学产生了兴趣。

当时南京有个风俗,过春节时家家都要玩花灯。我家也有个走马灯,里面装着一个能转动的小轮子,轮子的四周粘了许多彩色的纸人、纸马,轮子底下有一支蜡烛。只要点燃蜡烛,轮子就会转起来,纸人、纸马的影子映到墙上,好像简单的"皮影戏",既形象又生动。

我好奇地问爸爸:"走马灯的轮子为什么会转动呢?"

这才是你该追的星
茅以升

"小轮子里从中心到四周,有许多叶片,又薄又轻,蜡烛的热气吹到叶片上,小轮子就转起来了。"听完爸爸的耐心讲解,我拿起走马灯仔细研究起来。我反反复复地将蜡烛点燃又吹灭,最后发现:热气吹到叶片上,能带动纸人、纸马转动;当吹灭蜡烛时,轮子就会停下来。我在心里琢磨:如果热气再大一点,轮子会不会转得更快呢?

于是,我在轮子底下多放了一支蜡烛,跟我想的一样,轮子快速地转起来,墙上的纸人、纸马也走得更快了!我又试着拿掉一支蜡烛,轮子的转速又慢了下来。

我对这个发现很是得意,对走马灯的好奇也持续了很长一段时间。当然,这种好奇心得益于家人的支持:走马灯被我玩坏后,爸爸就会再给我买一个。

进入新式小学

在私塾学习了两年传统文化后,6岁的我进入南京第一所新式小学——南京思益学堂。

该学堂是一所效仿欧美教育模式的新式小学，由一批具有新思想的"江南才子"创办。

这所新式小学聚集了大批学者——著名的历史学家、书法家柳翼谋教授国文和历史，当时颇有名气的艺术教育家、画家梁公约教授国文。

每当回忆这起一段求学时光，我都会想起这两位先生，他们讲课时声如洪钟，用语生动。

在思益学堂，我对科学的兴趣被大大地激发出来。我特别喜欢数学，放学回家后，我常常一边吃花生米，一边演算数学题，经常很长时间都不抬头。从数学演算中，我获得了很大的乐趣。我对数学的爱好也为我后来的学习和研究打下了很好的基础。

进入思益学堂后，为了防止我忘记学过的古文知识，爷爷每天督促我背诵古文。

后来，我经常跑到爷爷的藏书阁楼找一些书来读，每次都读得兴趣盎然。有一次，我一边走路一边看书，由于读得太认真，一不小心撞到一棵树上，把周围赶路的人逗得哈哈大笑。

童年时期妈妈的启蒙、私塾的教育和爷爷的熏陶，帮我打下了坚实的古文基础。后来我虽然选择了桥梁专业，但我一直对文学、历史类书籍有非常浓厚的兴趣。

在我9岁生日那天，三叔送给我一本没有着色的世界地图，为我打开了一个全新的世界。我以前认为南京城最大，想不到中国还有那么多大城市，世界上还有那么多国家，各地的地形和风土人情也千差万别。

于是，我当时就萌发了要周游中国和世界的愿望。后来，我的这个愿望实现了，我的足迹不仅遍及中国，还到过世界上很多其他国家。

文德桥倒塌触发了我的好奇心

就在这一年的夏天，一个偶然发生的意外事件彻底改变了我的人生。

南京秦淮河每年端午节都要举行赛龙舟盛会，河上的几座桥总是被挤得水泄不通。

端午节前一天，几个同学约我第二天一起去看赛龙舟。不巧的是，我因为这天晚上多吃了几个妈妈包的粽子肚子痛，额头直冒汗，非常难受，几乎一夜未眠，无法跟小伙伴们一起去看赛龙舟。

端午节当天傍晚，同学们在我家门外声嘶力竭地喊我的名字，我妈妈还以为他们是叫我一起去看赛龙舟。

我打开门，发现他们个个面色凝重。他们告诉我，文德桥出大事了。

02 - 从小立下造桥宏愿

我大吃一惊,赶忙问他们究竟是怎么回事。

"我们挤在文德桥上看赛龙舟。人太多了,桥栏杆突然被挤断,几块桥面铺板也塌了下去,不少人掉到水里了。"一位同学回答说。

"人都救起来没有?"我焦急地问道。

"咱们班的两个同学被人救起来了。其他班的同学有没来得及施救的。"另一个同学回答道。

听到大家讲的这个惨剧,我呆站在那里很久不动,心里一直在想:"太多人就会压垮大桥,那我们为什么不建一座压不垮的大桥?怎样才能建成一座压不垮的大桥呢?"

文德桥的倒塌在当时的南京引起了轰动,人们议论纷纷。我的父亲听说后也准备去事故现场看一看。

得知父亲要去,我就跟在他身后,一起来到现场。倒塌的文德桥和人们悲痛的神情,给我留下了难以磨灭的记忆。

科学家小故事

走到哪里都特别关注桥

因为经历了文德桥倒塌这件事,茅以升对桥有了无法割舍的感情。要"造出不会塌、不会垮的大桥"的念头就这样埋在了他的心底。

此后,无论走到哪里,他都对当地的桥特别关注,细致到桥的样式、构造、桥上行人的反应和车辆等,他都要仔细观察,甚至还会拿笔记下相关数据。茅以升对桥的兴趣越来越大,一个立志造桥的少年开始茁壮成长。

后来回忆起这个惨剧,茅以升不无感慨地说:"造桥是件好事,可是如果桥建得不结实,塌掉了,人都掉进水里就变成坏事了。桥怎样才能造得结实?从文德桥倒塌一事中我产生了好奇心。"

03

刻苦求学，始于"奋斗"

科普小贴士

古代的石桥

石桥的主要形式是石拱桥。中国早在东汉时期（25—220年）就出现了石拱桥。我国出土的东汉画像砖上刻有拱桥图形充分证明了这一点。

现在尚存的赵州桥（又名安济桥），建于隋代，是在主拱圈上加小腹拱的空腹式拱桥。中国古代石拱桥的拱圈和墩一般都比较薄，比较轻巧，如建于816—819年的宝带桥就是典型的薄墩扁拱。

石梁桥是石桥的又一形式。我国陕西西安附近的灞桥原为石梁桥，建于汉代，已有2000多年历史。

公元11—12世纪，南宋泉州地区先后建造了几十座大型石梁桥，包括洛阳桥、安平桥。

这才是你该追的星
茅以升

把"奋斗"作为一生的座右铭

10岁那年,爷爷给我讲了一个神话故事:

从前,有个孩子父母早亡,靠打柴、割草过日子。他从小喜欢画画,可是没钱买笔,他想借一支笔,但有笔的人看他寒酸的样子,不愿借给他。在四处碰壁后,他学画的决心不但没有消失,反而更强了。

上山打柴时,每当砍柴累了,他便捡一根枯树枝,在沙地里画飞鸟;到河边割草时,他就用干草在石头上画游鱼。年复一年,他画得越来越好,但他梦想得到的笔还是无法得到。

有一天,他在山上砍柴时发现,一棵树上长了许多白白的、尖尖的像毛笔笔头一样的东西,摘下一个一看,它简直就是天然的毛笔头。他又从山上找来一根细细的竹子作为笔杆,装上从树上摘下来的"毛笔头",就成了一支非常好看的笔!

他试着用这支笔画一只鸟,鸟马上飞了起来;他又画了一幢房子,那房子马上出现在他面前。孩子高兴极了,他飞奔下山,用这支笔给穷人画了许多他们想要的东西。但他从来不用这支笔画东西供自己享用,依然靠砍柴、割草度日。

孩子有一支神笔的事渐渐传开了,而且越传越远。

有一天，皇宫里的人来找他，要他交出这支神笔。孩子听到风声，便躲了起来，从此销声匿迹。

许多人都想得到这支神笔，纷纷根据传说到山上找能长毛笔头的树。终于有人找到了这样一棵树，并找来笔杆装起来，但画出来的东西并不会成真。

我听完后有些疑惑，就问爷爷："他们画的为什么不会变啊？"

爷爷笑着对我说："因为他们不知道得到神笔的秘诀。"

我又好奇地问道："秘诀到底是什么呀？"

于是，爷爷写下苍劲雄浑的两个大字——"奋斗"送给我。后来，我终于理解了他的意思，我把这两个字作为了一生的座右铭。

一定要在学习上超过他们

1906年，还没读完小学的我以优异的成绩考入江南中等商业学堂（简称商业学堂），成为

这才是你该追的星
茅以升

全校年龄最小的学生。

这个学堂实行欧美新式教育,开设数学、物理、化学、英文、历史、地理和体育等课程,在高年级还开设法文课程。

商业学堂将刚入学的新生分为甲、乙班。我的入学成绩很好,以为自己会被分在甲班,结果却被分到了乙班。

于是,我暗下决心,一定要超过甲班的学生。

我有个同班同学叫曹天潢,他家经济条件很差。曹天潢学习很刻苦,整天在教室或宿舍看书学习,考试成绩总是第一名。

我非常佩服他,将他当作自己的榜样。后来,我们两人还成了好朋友,经常在一起讨论学习。

因为学习刻苦,我的成绩一般都保持在年级前10名。

我的英文入门很快,在学堂里读了很多英文书,如《莎士比亚戏剧故事集》《鲁滨逊漂流记》《孤星血泪》等经典作品。

我也是体育场上的积极分子,特别喜欢踢足球。我还在假期学会了骑马。

爷爷教我古文

商业学堂的课程以数理化和外语为主,没有多少时间学习古文,爷爷就利用暑假教我古文。

爷爷的教法很特别:先用毛笔写出一篇古文,让我在旁边一直看着,用心记住他写的每一个字,写完后他才开始给我讲。爷爷每次都要求我尽快把这篇文章记牢,第二天上课时再背给他听。

有一次,爷爷选了王勃的《滕王阁序》。这一次,他一边抄写,一边给我讲解。他本来要求我在第二天把这篇文章背熟,没想到等他抄写完毕,准备给我布置任务时,我就开始背诵起来了,而且背得跟原文一字不差。

爷爷惊讶地问我:"你什么时候开始背的?"

我从容地回答:"在您刚才写这篇文章的时候,我就已经把它背完了。"

更让爷爷感到意外的是,其他短小精悍的古文,在他写完后,我也都能把整篇文章背下来。通过这种方法,我不仅记住了大量的古文作品,还大大地锻炼了自己的记忆力。

爷爷对我寄予厚望,因此对我的要求很严格。背诵古文稍有差错,他就会要求我重背,直到一字不差,甚至还要求我对古文中每一个字的理解都准确无误。

被革命思想深深打动

我在商业学堂求学期间,正是辛亥革命前夕。新式学校的学生很容易受革命思想影响。当时,严复的《天演论》在知识界非常流行。1907年,我读到了《天演论》,立刻被书中新颖的思想吸引住了。于是,我爱不释手,反复阅读,不仅学到了生物进化的科学知识,更激发了自己的爱国、报国之心。

那个时候,我还经常阅读《新民丛报》《浙江潮》《革命军》《警示钟》《猛回头》等书报,被其中的革命思想深深打动。

科学家小故事

人生路崎岖,奋斗为桥

晚年的茅以升回忆起爷爷送他"奋斗"这两个字时,这样理解它们的意义:"人生之路崎岖多于平坦,忽似深谷,忽似洪涛,好在有桥梁可以渡过,桥梁的名称叫什么呢?叫'奋斗'。"

04
坚定技术报国的信念

> **科普小贴士**
>
> **古代的木桥**
>
> 早期木桥多为梁桥,如秦代建立的渭桥,就是多跨梁式桥。木梁桥跨径不大,伸臂木桥可以加大跨径。
>
> 公元3世纪,在甘肃安西与新疆吐鲁番交界处建有伸臂木桥。公元405—418年,在甘肃临夏附近河宽达40丈(约133米)处建了悬臂木桥,桥高达50丈(约167米)。
>
> 木拱桥出现较早。公元104年在匈牙利多瑙河建成的特拉杨木拱桥,共有21孔,每孔跨径为36米。中国河南开封修建的虹桥,净跨约为20米,也是木拱桥,建于公元1032年。

远离家乡北上投考

1910年,商业学堂增设高等预科,我顺利升入高

这才是你该追的星
茅以升

等预科学习。1911年夏天，15岁的我从商业学堂正式毕业。

中学毕业后，同学们各奔前程，大家选择的职业多以商为主，有的去了银行，有的学做生意。这个时候，我也走到了人生的十字路口。

我上小学时就立志造桥，那时只想着在家乡造一座横跨秦淮河的千古不朽的大石桥。升入中学后，我得知中国杰出的爱国工程师——詹天佑，少年时到美国学习先进科学技术，学成归国后建成了第一条完全由中国工程技术人员设计和施工的铁路——京张铁路。

于是，我把目光放得更远了，决心以詹天佑为楷模，出国留学深造，掌握世界上的尖端技术，回国后再为祖国建造新型大桥。

当时，我刚好听说北京清华学堂在招考留美预备生，决定赴京投考。

然而，家里人因为我年纪小，担心我一个人不能独立生活，认为应该等两年再说。

其实，最舍不得我离开的是妈妈，但她却坚决支持我到外地求学，相信我完全可以自立。为了让我实现造桥的宏愿，她千方百计地为我筹集赴京赶考的费用，甚至不惜变卖自己陪嫁的金银首饰。

1911年7月30日，我含泪告别了妈妈和家人，同好朋友裴荣一起，结伴从南京踏上了北上求学的旅程。我们先到上海码头，乘坐直达天津的轮船，再由天津乘坐火车到达北京。

经过几天的颠簸，我们终于来到了北京。下车找好旅店后，我们就急匆匆地赶往清华学堂了。让人想不到的是，清华学堂的考试时间早就过了，连录取榜都已经公布了。

毫不犹豫地选择桥梁专业

在无比沮丧之时，我们又得到了一个好消息，唐山路矿学堂也在招预科生，考试时间还没有过。于是，我们俩毫不犹豫地决定去报考唐山路矿学堂。

我们连夜赶往唐山，第二天早晨下车后，直奔路矿学堂。到了以后才发现，这里只有土木工程一科，幸好土木工程科又细分了桥梁等几个专业。

入学考试对我们俩来说没有什么难度，我们也顺利地被录取为预科生。第二年转入正科时，考虑到桥梁建造需要我最喜欢的数学和物理知识，再加上我对文德桥坍塌事故一直念念不忘，我毫不犹豫地选择了桥梁专业。

我考入唐山路矿学堂不到3个月，辛亥革命就爆发了，革命风暴很快波及唐山。由于时局动荡，学堂不得不宣布停课，让我们回家暂时避一避。我和裴荣只好取道天津，乘坐轮船回到上海。当时我们全家已到上海暂住。

回家后，我向妈妈提出要参加革命。她却对我说："妈妈知道你很有能耐，可是你才15岁，人们都把你当小孩子，能要你吗？你要趁年轻好好读书，学成后再去革命也不迟。妈妈就认准一个理，要用真才实学报国。"虽然当时我满腔热血，但最后我还是乖乖地听了妈妈的话，没有去参加革命。

1912年初，唐山路矿学堂复课。我回到学校后发现，有些同学没回来，直接参加革命去了；有些同学返校后不久，也投身革命去了。

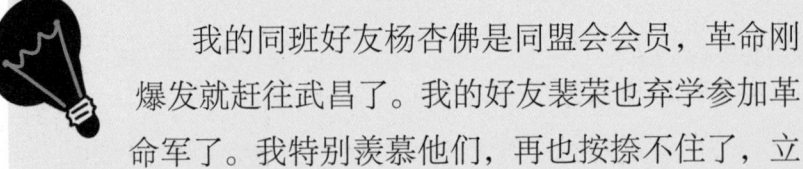

我的同班好友杨杏佛是同盟会会员，革命刚爆发就赶往武昌了。我的好友裴荣也弃学参加革命军了。我特别羡慕他们，再也按捺不住了，立刻就给妈妈写了一封信，再次表达了我参加革命的意愿。

我的想法遭到了妈妈的激烈反对。她收到信后马上回信，要求我坚持"先有学问再革命"的主张，要我安心读书。

后来，我又给妈妈写了一封长信，详细说明自己坚持参加革命的理由。我很快又收到了她的回信，她在信中甚至说出了"如果离开学校，就不以你为子！"这样的狠话。

看到妈妈的回信，我非常失望。她从来没有对我这样严厉过，应该是很生气才会说这样的话。经过几天的思想斗争，我最终决定听妈妈的话，压下了参加革命的念头。

回过头来看，这件事可以说是我人生中的一个重要转折点。我特别庆幸自己当时听了妈妈的忠告，才有了跟很多桥梁结缘的机会。

孙中山的演讲让我恍然大悟

1913年秋，孙中山先生到唐山路矿学堂视察，他的讲话更让我坚定了献身工程技术的信念。

他说，国民革命需要两支大军，一支是武装起义的大军，要推翻封建专制的帝国，建立人民的国家；另一支是建设的大军，要向西方学习先进的科学技术，把我国建设得繁荣富强，跨入世界先进国家的行列。为达此目的，我们要大力开发矿山，修建铁路、公路，开办工厂，把我国从一个落后的农业国变成一个先进的工业国。这个重任就落在了青年学生身上。在座诸君在路矿学堂，一定要努力学好筑路、开矿的本领，将来为国效力。

听完演讲后，我恍然大悟，更加理解妈妈的用心良苦，也彻底消除了自己未能参加革命的遗憾。同时我也认识到，学好本领同样可以为国家做贡献。

记了200本笔记

从此以后，我开始专心致志地学习各门功课。我第一年读的是预科，学的都是数学、物理、化学等科目的基础知识。这些知识我以前在商业学堂就学过，所以每次考试成绩都不错。

当时，唐山路矿学堂许多课程都没有教科书，全凭老师在台上讲，学生在下面记。我很喜欢这样的教学方式，一是老师不受教科书限制，总是把最新的知识讲给我们听；二是老师可以旁征博引，教给我们更多的知识。

我在课堂上非常认真地记笔记，课后还要参考不少书，把笔记补充完整。

在唐山路矿学堂的5年中，我一共记了200本笔记，总计900万字。假如要把这些笔记重新抄写一遍，每天抄写5000字，需要近5年时间才能完成。

学堂的考试制度也很特别。除了固定时间的大考，平时的考试也很多，而且从来不预先通知，我们到课堂后才会知道，有时一个上午就要考三四门功课。

为了应对这样的情况，我专门制定了一个学习计划表——每天早晨6点起床，晚上11点睡觉，中午不休息，节假日也一样。

每天晚上，我都要把当天的功课温习好，做到"每天有准备，从来不怕考"，所以考试经常得满分。大考发榜，我常常名列全班第一。

当然，我也不是一个只知道读书的书呆子。我坚持每天看报，了解时事。同时，我还喜欢体育活动，入学不久，我就参加了学堂的足球队，算得上是一名比较出色的队员。

此外，我还经常抽出时间阅读课外书，中国经典文学作品和外国名著都是我的枕边读物。

这才是你该追的星
茅以升

背出圆周率小数点后的100位

有一次,我偶然翻到一本介绍圆周率的书,就想背诵圆周率小数点后的100位数字,我很快就背到了小数点后32位。后来,我试着改变方法,5位数字一组,把这一连串无生命的数字当成有生命的事物来看,从每一组中找出有个性的特征,经过几次背诵,我居然轻松地背到了小数点后100位。

年底,学堂组织新年晚会,要求每个人至少表演一个小节目。有吹笛子的,有拉二胡的,有唱京剧的……博得大家的热烈掌声。

轮到我的时候,我说:"我没有什么特长,就给大家背诵圆周率吧。"

听完我的话,大家都哄堂大笑:"圆周率谁不会背?"

接着我告诉大家:"我能背出圆周率小数点后的100位数字!"

顿时,礼堂沸腾起来,刚开始同学们都不相信我真能背出这么多数字,甚至有人专门找来记载圆周率的书准备核对。

我站在台上气定神闲地背诵,台下鸦雀无声,负责核对的同学也仔细盯着数字,最后,我真的背到了圆周率小数点后100位。

我背圆周率的故事在学堂传开了，很多人都佩服我超强的记忆力，还向我请教怎么才能记住这100位很难记的数字。那时，我突然回想起小时候，爷爷让我背古文的一点一滴。

成为第一名学校中成绩第一的毕业生

1916年夏，我以优异的学习成绩从唐山路矿学堂顺利毕业。5年来，我的各科成绩平均分为92.5分，创造了唐山路矿学堂的新纪录。

毕业考试时，我不仅做完了试卷上的必答题，还把选答题也做完了。考卷的满分是100分，由于我的毕业考试答卷很好，老师破格给了120分，获得毕业考试年级第一名。后来，唐山路矿学堂还特意收藏了我当时的这份答卷。

就在这一年，北洋军阀政府教育部评选优秀工科大学，唐山路矿学堂被评为第一名。作为第一名学校中成绩第一的毕业生，我感到特别荣幸。

在唐山路矿学堂读书期间，对我影响最大的老师是罗忠忱教授。他毕业于美国康奈尔大学土木工程系，教我们材料力学和应用力学两门基础课，用的是美国工科大学的教材。罗老师用一口流利的英语授课，讲课逻辑性很强，我们都喜欢听他讲课。

他喜欢采用启发式教学，对于我们一时难以理解的知识点，他往往会提出几个容易理解且对解决难点有启发的问题，引导我们进一步思考，再顺势引导我们得出解决问题的办法。

他对学生的要求非常严格，经常进行随堂考试，时间约30分钟，到规定时间不交卷就算0分；计算题取3位有效小数；用计算尺计算，只准第3位数有误差，否则也是0分。他说，这样才能让我们在学校养成认真、精确的习惯，避免以后在做工程设计时出现不必要的安全问题。

罗教授不仅做学问令人敬仰，做人也堪为表率。他坚持原则，正直无私，从不计较个人得失，有一件事给我留下了深刻印象。他的一个侄子当时也在路矿学堂读书，一次期末考试只考了59分，他毫不留情地让侄子留了一级。

04 - 坚定技术报国的信念

> **科学家小故事**
>
> ### 跟痴迷数学的同学成为亲密朋友
>
> 茅以升非常喜欢数学,到路矿学堂不久,他发现一位同班同学对数学比自己还要痴迷。这个同学叫李俨,号乐知,比茅以升大3岁。
>
> 共同的爱好让他们很快成为亲密的朋友。茅以升经常跟李俨一起讨论数学问题,得到不少启发,在心里把李俨当作榜样。李俨得知茅以升祖父的藏书中有很多是数学书,假期还专门跟茅以升一起到南京,阅读这些书。
>
> 不过,李俨只在路矿学堂读了一年,后来因为交不起学费,辍学谋生去了。对于他的离去,茅以升一度感到很失落。那段时间,茅以升不断买书寄给他。他们俩始终保持着亲密的友谊。

05
轰动两所美国大学

> **科普小贴士**
>
> ### 中国四大古桥
>
> 中国古代桥梁建筑艺术不乏世界桥梁史上的创举。其中，潮州广济桥、河北赵州桥、泉州洛阳桥、北京卢沟桥被称为中国四大古桥。
>
> 广济桥，俗称湘子桥，始建于1171年，初为浮桥，由86只巨船连结而成，始名"康济桥"。它横卧在韩江之上，景色壮丽迷人。有民谣唱道："到广不到潮，枉费走一遭；到潮不到桥，白白走一场。"
>
> 赵州桥，又名安济桥，建于595—605年，是中国现存最古老的大跨径石拱桥。经历了10次水灾、8次战乱和多次地震，远远看去，它好像初露云端的一轮明月，又像挂在空

中的一道雨后彩虹。

洛阳桥，又名万安桥，于1053—1059年建造，是我国古代著名的梁式石桥。因建于江海交汇处，江阔水深，工程艰巨，造桥者首创"筏形基础"，繁殖牡蛎以固桥基，是我国古代重要的科学创举。

卢沟桥，于1189—1192年建造，是北京最古老的石造多孔联拱桥。它采用两边桥孔依次向中央逐渐增大的韵律设计建筑法，形成了优美的桥型，"卢沟晓月"被列为"京师八景"之一。

成为桥梁专业的研究生

当我从唐山路矿学堂毕业之际，北京清华学堂计划招收10名派往美国的官费留学生。消息一出，各高校的报名者蜂拥而至。面对这么多报名的学生，清华学堂决定通过考试选拔各大高校保送的优秀毕业生。经由唐山路矿学堂保送，我以第一名的成绩被顺利录取，随后被派往美国康奈尔大学土木工程系学习。这所大学也是罗忠忱教授曾经就读过的大学。

1916年9月，我与其他被录取的同学一起，登上"中华号"远洋客轮，踏上通往大洋彼岸的旅程。

经过20多天的航行,我们终于到达美国港口城市旧金山。同行的伙伴们在这里分别,各自奔赴自己将要就读的学校。

我从旧金山乘坐火车,先去芝加哥,再转车到新泽西州,最后来到伊萨卡,这里是康奈尔大学的所在地。当时的伊萨卡只有两万多人,各行各业主要为康奈尔大学提供服务。

到校后,我先去注册处报到。注册手续原本很简单,各国留学生不用入学考试就可以直接注册。但轮到我注册时,学校注册处的主任却用怀疑的眼光上下打量我这个来自中国的学生,并不屑地说道:"唐山路矿学堂?这个学校我们从来没听说过,也从来没有接收过这个学校的学生。你要先参加考试,我们会根据你的成绩,再决定是否录取你。"

实际上,在这之前,我压根就不知道是免试注册,我一直认为需要先考试,再进行注册。因此,我一点都不慌张,考试对我来说并不是难事。因为唐山路矿学堂的罗教授经常进行"突击考试",我已经习惯了这样的考试。

我的考试成绩让注册人员大吃一惊:唐山路矿学堂这个名不见经传的学校,竟然能培养出这样优秀的学生！他们非常热情地为我办理了注册，就这样，我成为桥梁专业的研究生。

当时，和我一起就读康奈尔大学的还有罗英、郑华，我们三人是第一批专门攻读桥梁专业的中国学生。

我的导师是贾柯贝教授，他是美国工程学界的著名人物。他的《结构学》一书是当时美国各大学土木工程系的通用教科书。他讲课深入浅出，富有启发性，深受学生的欢迎。在他的课堂上，我经常提出别人不容易发现的问题，回答问题也很有思路，所以他对我格外器重，也很乐意跟我交谈，还常常邀请我到他家做客。在跟他的闲谈中，我受到了很多启发，学到了很多知识。

在康奈尔大学，我仅用一年时间就学完了桥梁专业研究生的全部课程，并以优异成绩获得硕士学位。

毕业典礼那天，鉴于我在学业上的优异表现，康奈尔大学校长还当场宣布："以后凡是唐山路矿学堂的毕业生来康奈尔大学读研究生的，都可以不用考试，直接入学。"

从此以后，唐山路矿学堂来康奈尔大学留学的学生越来越多，唐山路矿学堂的教师也多毕业于康奈尔大学，唐山路矿学堂因此有了"中国康奈尔"之称。

到匹兹堡桥梁公司实习

刚到康奈尔大学时,我意外地发现唐山路矿学堂的同学杨杏佛也在这里,他读的是机械工程系。

在他的引荐下,我很快认识了在伊萨卡的全部中国留学生,其中有学气象学的竺可桢。1915年,竺可桢等人发起组织"中国科学社",并出版会刊《科学》,每月一期向祖国介绍科学知识。不久,我也加入了中国科学社,积极参加科学社的活动,并为《科学》月刊写稿。

1917年,我和同学罗英等人在伊萨卡发起成立"中国工程学会",并出版会刊《工程学会学报》。中国工程学会和中国科学社两个团体经常在一起开会,进行科学探讨和交流。

后来,这两个科学团体先后迁回中国。中国工程学会于1932年与詹天佑发起创立的"中华工程师学会"合并,更名为"中国工程师学会",会刊是《工程学报》。我一直是这个学会的理事,多次筹备和主持学会的年会。新中国成立时,学会的会员已达一万多人。

当时,康奈尔大学准备聘请我留校当助教,这也是很多外国留学生梦寐以求的事情。但我的导师贾柯贝教授对我说:"茅先生,你搞桥梁,光靠理论不行,一定要有实践经验。所以,你一定要去工厂实践,要在工厂学到绘图、设计、上漆等所有造桥能用到的基本技术。如果你愿意，我可以介绍你到匹兹堡一家桥梁公司实习。"

匹兹堡是当时美国的重工业中心，被称为美国的"钢城"。1917年7月，我来到匹兹堡，立刻就被这里的先进技术吸引了。

看到遍地的汽车和来往的火车，我不由自主地想起了慈爱的爷爷。他主张学习先进的科学技术以发展交通，但却从未见过汽车和火车。想到这里，我感到一阵莫名的悲伤。

在匹兹堡桥梁公司，我从木工、油漆匠做起，后来逐渐接触绘图、设计等工作。没过几天，我就发现，工厂里的很多同事跟我一样，有的刚大学毕业，有的硕士在读，还有许多博士，他们都乐在其中，并不觉得这是"下等活"。我从他们身上看到了美国人的实践精神和务实作风，敬佩之情油然而生。

我在匹兹堡桥梁公司实习了一年

半，每天工作8小时，经历过制图室、设计室、构件工厂、装配工地等工作场景，做过测绘、设计、制图、金属工、木工、油工等多种工作，学到了许多在学校里学不到的知识和技能。

实习之余，我还积极参加社会活动。我刚到匹兹堡时，这里已经有三四十个中国留学生了，有人倡议成立"匹兹堡中国留学生会"，大家都表示赞同。我被选为副会长。

第一次世界大战结束后，巴黎和会召开，作为战胜国的中国收回青岛等合理的要求被拒绝，这引起了中国留学生的一致抗议。匹兹堡中国留学生会也在当地报纸上一再抗议，抗议文章都是由我执笔完成的。

1919年4月30日，匹兹堡中国留学生会在卡内基音乐厅举行"中国夜"宣传活动，有1500多位当地人参加。我在活动上宣读了中国留学生的抗议声明，散发了由我撰写的宣传小册子。美国朋友也在活动上发言，声援中国人民的正义斗争。5月4日，国内爆发了著名的"五四运动"，揭开了中国历史的新篇章，我们这些在国外的中国留学生大受鼓舞。

成为卡内基理工学院的第一位工科博士

卡内基理工学院坐落于匹兹堡，我到桥梁公司以后，听说这所学校的土木工程系设有工科博士学位，正在招收夜校学生，必修的课程都安排在晚上。由于与上班时间不冲突，我尝试着申请攻读博士学位。没想到，我居然顺利得到了学校的批准。这样一来，我正好可以把理论与实践结合起来。

那个时候，我每天的日程安排得很满，早上5点半就得起床，坐车到工厂就7点了，白天在桥梁公司上班，下午5点半下班，回到住处吃过晚饭，晚上7点去夜校上课，9点下课回到房间，再学习到深夜。

此外，我还利用上下班路上的时间、工地上休息的时间，甚至是吃饭的时间来学习。有一次，我在图书馆看书，因为看得太投入忘记了时间，闭馆的钟声响起也没有察觉，结果被图书馆的管理员锁在里面了。

只用了一年时间，我就修满了规定的各科学分，比学校要求的时间提前了整整一年。接下来，我的主要任务是完成博士论文。

博士论文的要求很高，一定要有创新，要有新发现。我白天上班，晚上再写论文，精力实在有限。经过再三考虑，我决定辞去桥梁公司的工作，专心致志地写博士论文。

我选择的研究主题是结构力学中的"次应力"问

题，主要研究桥梁框架结构的应力问题，这个问题对建筑和桥梁工程也具有重大的现实意义。

我凭借自己扎实的力学和数学基础知识，参考前人的研究成果，把"次应力"这个力学问题归结为一个数学问题，用数学方法进行演绎推理，尝试找出最佳方案。

最后，我总结了已有的很多方法，认真比较它们的优缺点，提出一种新的计算方法，把问题大大地简化了，这样更容易找到最佳方案。

1919年8月，我的官费留学期满，按规定应该马上回国。但我的研究正处在最关键的阶段，不能半途而废。虽然国内停发了我的留学费用，但我在桥梁公司实习期间有一点积蓄，还能勉强维持生活。

从此，我开始精打细算、节衣缩食地过日子。我几乎不在外面吃饭，宁可饿肚子也不去餐厅吃饭。我的全部家当就是从家里带来的几件衣服和出国前用清华学堂发的服装费买的衣服。如果要去特别场合，如参加学术会议或高级宴会，我就借别人的衣服临时穿一下。我把省下来的钱全部都用在博士论文的准备上了。

经过艰苦的努力和大量的研究，到10月初，约30万字的博士论文终于大功告成，题目是《框架结构的次应力》。当月，卡内基理工学院专门为我举行了论文答辩会。我从容地回答了教授们提出的一个个问题，顺利地通过了答辩。博士论文答辩委员一致认为，我的论文达到了当时的世界水平，同意授予我工科博士学位。

卡内基理工学院的教授们觉得难以置信，我能在如此短的时间内完成这样一篇高水平的论文。他们问我："你在这么短的时间内写成这么高水平的论文的秘密是什么？"

我笑了笑，回答道："我的秘诀就是充分利用时间，我和大家的智商一样，只是我把睡觉的时间挤了出来研究论文而已。"

在论文中，我提出的很多力学的新理论，在美国工程界引起了强烈反响，一些知名科学家也很肯定我的研究成果。

匹兹堡的各大报纸相继报道了我荣获卡内基理工学院第一个工科博士的消息。后来，大家还把我在博士论文中提出的科学理论称为"茅氏定律"。我的名字就这样开始被全世界知晓。

贾柯贝教授得知我取得的成就后非常激动。他邀请我去他家做客，同时还邀请了许多自己的学生，包括中国留学生和一些美国学生。他对这些学生说："这位就是你们需要学习的榜样——茅以升先生。"他这样一说，我还怪难为情的。

后来，贾柯贝教授还把我的博士论文推荐给康奈尔大学，我的论文赢得了高度评价。因此，康奈尔大学把当年的"菲梯士"金质奖章颁发给我，让我受宠若惊。这个奖章专门奖励在土木工程研究上卓有成就的研究生，每年仅颁发一枚。

科学家小故事

千万别动这些纸条

在撰写博士论文期间，茅以升几乎白天黑夜都在考虑论文的论点和论据，以及篇章结构谋划，甚至连吃饭、睡觉的点滴时间也不放过。他的脑海中闪现的不仅是具体可视的桥梁、图纸，还有非常抽象的公式、定律和理论。

由于涉及的公式、定律非常多，内容庞杂，茅以升就把想到的内容写在纸条上，再分门别类地一条条贴在墙上，弄得整个房间就像一个淘气小孩的房间。

有一次，热心的房东进来帮忙打扫卫生，想要把墙上的纸条撕掉，茅以升急忙对房东说："这些纸条都是我读书的心得呢，千万别动它。"

06
最受学生欢迎的年轻教授

> **科普小贴士**
>
> ### 桥梁的结构
>
> 桥梁的基本组成部分是上部结构、下部结构、支座和附属结构。
>
> 上部结构，也称桥跨结构，主要是指桥梁中的梁。作为跨越障碍物的主要承载结构，从功能上可分为结构梁（基础地梁、框架梁等）、构造梁（圈梁、过梁、连续梁等）。
>
> 下部结构，主要包括基础、承台和桥墩。桥梁的基础作用是承受上部结构和下部结构传来的全部荷载，并把它们的荷载传递给地基。由于地质条件不同，基础也有很多种，我们常见的基础类型有明挖基础、桩基础、沉井基础、沉箱基础和管柱基础。

> 桥墩和承台是桥梁结构的主要支撑物，它们承受上部结构传来的全部荷载，并将恒载和车辆等活载传至基础的建筑物。
>
> 支座是在桥墩上用于支承上部结构的重量，并使其固定于一定位置的支承部件。它还要承受操作时的振动与地震载荷。
>
> 桥梁的基本附属结构主要包括桥面系、锥形护坡。此外，根据需要还要修筑护岸、导流结构物等附属工程。

我的梦想一直是为国造桥

1919年10月，我刚完成博士论文就收到了唐山路矿学堂校长的信，说一位教授的聘期将到，希望我能回国接替他。我欣然接受，并立即回信。

听说我要回国，我的导师贾柯贝教授特地前来劝我留在美国，康奈尔大学的好友也来劝说，我都一一拒绝了。因为我的梦想一直是为国造桥，这也是我从小就立下的志向，谁也无法阻拦。

1920年1月4日，我回到了南京，与阔别3年多的家人团聚。

刚回国的我，并没有立刻到唐山路矿学堂任职，而是先到了一个名为"益中电机"的公司工作，想先在实业方面尝试一番。

过了一段时间，我发现在这家公司，自己的专业知识无用武之地，于是，我提出了离职。

独创"学生考先生"的教学法

1920年8月，在新的学期开学之际，我回到唐山路矿学堂。回到母校才知道，此时的唐山路矿学堂已改名为唐山工业专门学校。我担任教授，主要讲授结构力学、桥梁设计、桥梁基础、土力学等课程。

在母校为我举行的欢迎会上，有人让我介绍我的博士论文，我有点不好意思，于是就说："那篇东西确实不值一提。"但是大家都希望了解我论文中的创新观点，仍然坚持让我做些介绍。

不得已，我用很短的时间，把论文中的基本思想深入浅出地给大家做了介绍。校长罗忠忱教授听完后高兴地说："我教出这样的学生，以后我的教材也不必大改了。"

第二年，唐山工业专门学校改名为交通大学唐山学校，任命罗忠忱教授为正主任，我为副主任。

那时，我每周上课超过20节。我鼓励学生在课堂上提问，并逐渐形成了一套独具特色的教学方法，我把它称为"学生考先生"。

每次上课的前10分钟,我先随机指定一名学生就上一次课的内容提出一个问题。要提出关于前一次课内容的问题,大家就必须对所学内容有全盘通透的理解,必须进行认真思考。

透过学生提的问题,我就能知道这名学生对课程领会到什么程度,是否做过深入的钻研。

如果学生提出我不能当堂回答的问题,我会给这名学生打满分;如果实在提不出问题,就由另一名学生来提问,让提不出问题的那名学生来回答,要是回答不上,他这堂课就为零分。

这种启发式的教学方法,大大提高了学生们的学习兴趣和课堂学习效果,还促使他们进行深入思考和钻研。后来,他们提的问题越来越有水平,越来越深刻。这些问题虽然由某一个学生提出,但经过我的解答,全部学生都可以从中受益。

时间一长，大家开始互相竞争，看谁能难倒我。于是，学生们提出了很多又难又怪的问题。有些问题确实是我以前没想过的，我把这些问题全部记下来，经过思考后再讲给他们听。有些问题对我也很有启发，后来成为我的研究课题。渐渐地，我的课不仅本年级学生喜欢听，很多高年级的学生也跑来听，经常把教室挤得水泄不通。

当时，我还提出实行教学改革的建议：桥梁专业的大一学生应该先到桥梁建设工地熟悉与桥梁建设有关的地质、测量、建桥材料等。当他们有了一定的感性认知后，再回到学校学习与桥梁直接相关的结构学、基础学等课程。大二这一年，学生们应主要学习设计规范。安排具有丰富实践经验的工程师将他们带到施工现场，指导设计方案。大三，学生再学习工程力学、材料力学、土壤力学等基本理论课程。

我的这些改革建议在《工程》杂志上发表后，引起了工程教育界人士的重视。同时，我也在教学实践中做了初步尝试，但最终未能全面实施。

到东南大学任职

1922年4月，直奉战争一触即发，交通大学被迫解散,唐山工业专门学校改称唐山大学。5月,直奉战争爆发。

7月,我辞职回南京,就任东南大学(今南京大学)教授、工科主任。那个时候,东南大学可谓人才济济。秉志任、陶行知、邹秉文、竺可桢、熊庆来、杨杏佛、吴宓、马寅初、李叔同等,都是当时的著名学者。

校长郭秉文先生是哥伦比亚大学的博士生,也是当时国内非常著名的教育家。1921年,正是在他的努力下,南京高等师范学校和其他几所高校合并为东南大学。东南大学在中国大学中最早设立了生物系、地学系、数学系等新兴学科。1923年,东南大学达到5科30系的规模,学科齐全,学科数量居全国首位。在这5科中,工科只有一个机械工程系,而其他4科有4~7个系。

在管理系杨杏佛教授的举荐下,东南大学聘请我主持工科。到东南大学任教后,我和农科系的邹秉文一起租了一幢房子。邹秉文住楼上,我住楼下,被当时的同事们称为"农工合作"。

安顿好后,我立刻投入工作,规划工科的发展。当时,东南大学的工科规模很小,只有一个系。为了让更多学生学到实用的工程知识,经过充分准备,我与杨杏佛等7位教授联名，向学校的教授会和评议会提出在工科内增设土木工程系与电机工程系的议案。

由于论证充分、可行性强，教授会和评议会一致通过了我们的议案。从此，东南大学的工科就有了机械工程系、土木工程系和电机工程系3个系。随着工科的扩大，我又着手制订教学、科研、调查和推广的计划，四处聘请知名教授，从国外购置必需的先进设备，用来新建和扩充各实验室，创办各系所属的工厂。

除了繁重的校务工作，我每周还要上课20节以上，先后讲授结构力学、桥梁设计、土木学、工程建筑等课程。我继续沿用"学生考先生"的教学法，引起全校学生的兴趣。东南大学当时已采用学分制，学生可以自由选课。选修我的课程的学生，不仅有工科各年级的学生，还有其他科的学生，甚至还有教师。工科只有60多名学生，但我的教室里总是挤得满满的，常常超过100人，教室里坐不下，许多学生就站在门外听课。

教育系教授、著名教育家陶行知先生还带领本系学生，一起来听我的工程建筑课。他对我的"学生考先生"的教学方法赞不绝口，认为这是一种崭新的教学方法，开创了我国教育的一个先例，值得推广。

任河海工科大学校长

1924年，东南大学工科与河海工程专门学校合并，组建河海工科大学，并任命我为校长。

当时，东南大学的工科学生可以自由选择，或留在河海工科大学，或转入本省的其他工科学校，或放弃学业。

到任后，我立即开始整顿校务，加强教学，进行改革。我把学制由原来的4年改为5年，并调整课程设置，增加招生人数。学校还新建了水槽和水工实验室，扩充了图书和仪器设备。在很短的时间内，河海工科大学就呈现出一派蒸蒸日上的新气象。当然，我在师生中的威望也逐渐提高。

在动荡中辗转任职

1925年8月，我赶赴北京出任交通部技正兼育才科副科长。这是我到政府机关任职的开始。

1926年2月，唐山大学发生学潮，交通部任命我为唐山大学校长，前去处理学潮。当我顶住保守势力的压力妥善处理完学潮后，立即辞职，回到交通部工作。

1927年2月，我接受北洋大学校长的邀请，到位于天津的北洋大学任专职教授。北洋大学创建于1895

年，是我国最早的一所工科大学，无论工程专业数量、质量，还是知名度，都全国领先。

1928年，北平大学区成立，北洋大学改名为北平大学第二工学院，我被任命为院长。后来，北平大学区撤销，学校又改名为北洋工学院，我还是担任院长一职。

由于时局动荡，长期停课，学校元气大伤。经过我的大力整顿，学校的教学和管理逐渐走上正轨。

1929年3月，学校的一座教学楼意外起火，地质科和工矿科的设备几乎全部被毁，学生们无法正常上课。我四处奔走，最后争取到拨款，用于购置设备、重建大楼，很快又恢复了正常的教学秩序。

1930年，我的一位好友在闲谈中提到，当下国内缺乏人才，仅有的一些人才大多在高校任教，不愿从政，特别是那些留学回来的人才。这位好友劝说我出任江苏省水利局局长。没过多久，我被任命为江苏省水利局局长，回到镇江规划、主持建设象山新港。

1932年1月，我应邀到天津，出任大陆银行实业部主任一职。不久后，我到北洋工学院兼课。8月，我被聘为专职教授，于是辞去了大陆银行的职务。

> 科学家小故事

这个"炎"字代表炎黄子孙

从美国回来后，茅以升的大部分时间都在高校担任领导职务或专职教授，为国家培养了许多工程建设人才。在他培养的学生中，有一位取得很大成就的工程专家，名叫林同炎。

林同炎原名林同棪，他还是接受茅以升的建议才改的名字。茅以升对他说，这个"炎"既好懂，又代表炎黄子孙。

林同炎14岁考进了当时的最高工程学府——交通大学唐山学校。在学校学习期间，他每次考试都是第一名。他18岁到美国留学，撰写的毕业论文《力矩分配法》，在当时的美国建筑行业引起了轰动，被称为"林氏法"。

1954年，林同炎创办林同炎国际公司，主持设计、修建的工程项目有著名的美洲银行大厦、新加坡40层工商联合大厦、旧金山地下展览厅等。他的作品曾多次出现在美国《工程新闻纪录》上。

作为华人，林同炎对中国的发展非常关注。1985年，他提出了开发浦东的设想。上海一份杂志曾以《我们不会忘记您》为题，报道了林同炎在开发浦东过程中的贡献。

07
受命"钱塘江造桥"

> **科普小贴士**
>
> **钱塘江大桥**
>
> 　　钱塘江大桥是浙江省杭州市的一座跨钱塘江双层桁架梁桥，由中国桥梁专家茅以升主持全部结构设计，是中国自行设计、建造的第一座双层铁路、公路两用现代化大桥，也是中国桥梁建筑史上的一座里程碑。
>
> 　　钱塘江大桥始建于1934年8月8日；铁路桥、公路桥分别于1937年9月26日和11月17日建成通车；1937年12月23日，为阻断侵华日军南下被炸毁；1948年5月被成功修复。钱塘江大桥全长1453米，分引桥和正桥两个部分。
>
> 　　2006年5月25日，钱塘江大桥被国务院列为第六批"全国重点文物保护单位"。2016年9月，钱塘江大桥入选"首

> 批中国20世纪建筑遗产"名录。2018年1月,钱塘江大桥入选第一批"中国工业遗产保护名录"。

组织建桥的领导班子和技术班子

1933年,我受命修建钱塘江大桥。

钱塘江是浙江省最大的河流,杭州民间有句古话"钱塘江造桥——做不到"。如果有人认为某一件事不可能做成,就会说一句"钱塘江造桥",或者说一句"两脚跨过钱塘江"。

一条江河的形成,是水、土、风三个因素相互影响的结果。一座桥建在水、土之上,但又受风的影响。因此,在建桥之前,必须收集关于水、土、风等自然现象的一切资料,也就是水文资料、地质资料和气象资料。我从一些资料中了解到钱塘江自然现象的整体情况,又结合自己的实地调查,经过认真分析后得出结论:在适当的人力、物力条件下,从科学的角度来看,"钱塘江造桥"是可以做到的。

来到杭州后,在浙江省建设厅的一间小房子里,我开始了钱塘江大桥的筹建工作。不久,浙江省建设厅成立了钱塘江桥工委员会,我任主任委员。1934年,

07 - 受命"钱塘江造桥"

又成立了钱塘江桥工程处（简称桥工处），由我担任处长。桥工处成立后，第一件事就是组织建桥的领导班子和技术班子。

从美国获得博士学位归国后，我一直在大学里教书或担任领导职务，我学的和教的都是桥梁专业，还经常参加桥梁工程学会组织的活动，有一定的人脉资源。

作为桥工处处长，我既要管理桥工处的具体事务，又要管好钱塘江大桥的设计，工作量很大，我需要聘请一位助手协助我开展工作。我当时首先想到的就是我的老同学罗英，如果他能来，和我共同指挥建桥工程，我的心里就更有底了。

我跟罗英是美国康奈尔大学的同班同学。回国后，他一直在铁路、公路部门工作，已经修建过几座桥，是一位经验很丰富的桥梁工程师。当时，他是山海关桥梁厂的厂长。

收到我的邀请，他立即辞职来到了杭州。按照当时的惯例，总工程师都由工程机关的首长兼任。出于对罗英的尊重和信任，我请他担任钱塘江大桥的总工程师。此后，我们就成为了事业上的终身伙伴。

除了罗英，我还请到了四位资深工程师，分别负责建桥工程的各个环节。他们手下还有一批出色的工程技术人员。我知道钱塘江桥的工程款来之不易，就尽可能减少用人。全面开工后，包括行政、杂务人员在内，整个桥工处总共不到60人。

我们设计出超越了华德尔博士的方案

班子组建完毕，钱塘江大桥的工程设计也随之开始。那时，我的面前摆着美国专家华德尔博士的一份设计方案。

按照华德尔的设计方案，建桥的总费用需要758万银元。如果我们的设计方案的总费用超过这个数字，很可能会被否决。这也给我们带来了一定的压力，我们的设计方案必须尽量节省费用。

对于桥址的选定，我们颇费了一番周折。我跟罗英一行人沿着钱塘江多次实地勘察。

如果选址在山区，河道较窄，便于施工，但离市区太远，很不方便，而且铁路还要穿越隧道，工程量巨大。如果选址在滩地，江底泥沙冲刷严重，河道主流不固定，除正桥、引桥都要加长外，河中的施工难度也很大。

经过反复论证，最后我们决定把桥址选在杭州市区西南的闸口月轮山旁边。这里江面较窄，主流稳定，地质条件相对较好，一部分桥墩还可以直接建在岩层上，既牢固又节省费用。

华德尔的设计方案采用的是单层联合桥形式，铁路旁为公路，公路旁为人行道，铁路、公路、人行道3种路面同层并列。

我认真研究了他的设计图，这种设计桥孔小、桥墩多，不适合钱塘江的水文、地质条件，且在当时的技术水平下，在桥身稳定和运输要求上都有不可解决的技术问题，加上水上的工程量太大，增加了桥的造价。

于是，我跟罗英反复研究，先后设计出6个方案进行比较，还与桥工处的工程技术人员一起讨论。最终，我们确定采用铁路、公路两用桥这种双层联合桥的形式。

根据这个方案，大桥全长1453米，江中正桥长1072米，北岸引桥长288米，南岸引桥长93

米。下层是单线铁路，上层是双线公路及人行道。正桥16孔，每孔跨度67米，钢梁采用强度高而重量轻的合金钢。北岸引桥3孔，南岸引桥1孔，都用50米的钢拱梁和钢筋混凝土的框架及平台组成。

我们在设计中特别关注两个问题。第一，一般的桥墩结构很可能抗不住冲刷而倾斜倒塌，所以必须采用特殊的桥墩结构。

第二，江底泥沙下面的软石层承载力不大，怎样才能使软石层安稳地承载71米高的建筑物？我们考虑用"打桩"的方法解决这个问题。用30米长的木桩打进软石层，每个桥墩用160根，木桩上面再做钢筋混凝土桥墩。正桥桥墩全是空心的，下面有墩座，上面有墩帽，来承托钢梁。

同时，我们还要考虑美观的要求，使整座桥的各部分方圆配合，色彩协调，主次分明，浑然一体。

大桥设计方案上报浙江省建设厅后，获得的评价是"你们的设计超过了华德尔博士的"。于是，这份设计方案得到了正式批准。

> **科学家小故事**
>
> ### 从报纸上找到建桥人才
>
> 茅以升在招人的过程中,还发生了一个小故事。当时,萧山中学有一个教师叫来培淇,从小喜欢写作,经常用"来者佛"这个笔名在当地的新闻媒体发表一些文章,还对钱塘江的水文地质有过一番研究。
>
> 钱塘江上建大桥的消息传开后,来培淇非常关心,也想为大桥建设出点力,但苦于无人引荐。为了引起茅以升的注意,他就在《浙江新闻》上连续发表了《钱塘江水系源流》《钱塘江水势与钱塘江大桥的关系》等多篇文章。
>
> 茅以升看到这些文章喜出望外,立即就请他来桥工处工作,并让他担任南岸沉箱监工。

08
历经"八十一难"

> **科普小贴士**
>
> ### 向苏联学习桥梁技术
>
> 新中国成立后,我们开始向苏联学习桥梁技术,当时派出了很多留学生赴苏联,学习预应力混凝土和钢桥技术。
>
> 始建于1955年9月1日的第一座长江大桥——武汉长江大桥,使天堑变通途。中国第一片预应力混凝土也在丰台桥梁厂的基地试制,并于1956年首先在东陇海线新沂河铁路桥上建成了跨度为23.9米的预应力混凝土简支梁,迈出了重要的一步。
>
> 武汉长江大桥采用了苏联当时最新的管柱基础技术。1957年,武汉长江大桥建成通车,它是20世纪50年代中国桥梁建造的一座里程碑。

08 – 历经"八十一难"

> 1964年建成的南宁邕江大桥是我国第一座按苏联理论设计的主跨55米的钢筋混凝土悬臂箱梁桥。

定下"上下并进"的施工方案

1934年11月11日，38岁的我作为钱塘江大桥的总设计师、桥工处处长，主持了钱塘江大桥的开工典礼。

开工典礼刚过，我很快就感受到了巨大的精神压力。在原来的设计中，我们计划建桥时间为两年半，现在要缩短为一年半，我虽然嘴上答应了，但心里还是没底。

一般桥梁工程的施工顺序都是按部就班的，先打地基，再建桥墩，最后架桥梁。

设计之初，我充分考虑到要赶时间的问题，定下"上下并进"的施工方案。也就是说，不管江中、陆地，还是水上、水下，只要能同时施工就同时施工，不能同时施工就等建完了下面再建上面。现在，为了缩短工期，我不得不继续在"上下并进"上打主意。

经过我跟罗英的反复商量，一个打破常规的施工方案很快就制定出来了：属于平面铺开的工程，能同时施工的，立即同时施工；上下关联的桥墩的基础、墩身和钢梁，要求墩基与墩身同时施工，桥墩与钢梁同时施工。

采用"气压沉箱法"建桥墩

工程的快慢，关键在正桥。正桥桥墩建设是大桥建设中的难中之难，工程量最大，施工最困难，也最复杂。加之要缩短工期，更是难上加难。正桥桥墩的基础和墩身怎样才能做到同时施工呢？最后，我和罗英想出用"气压沉箱法"解决这个问题。

桥墩沉箱设计是关键中的关键，也是关乎桥墩施工顺利进行的难点。

沉箱是个长方形的钢筋混凝土箱子，上无盖，下无底，箱壁中有一块厚厚的隔板，把沉箱分为上下两部分，上部分口朝上，下部分口朝下。

有了口朝上的部分，沉箱就能像船一样浮在水上，工人可以在上面建筑桥墩。有了口朝下的部分，沉箱下落后，盖住江底，就形成一个"工作室"，再通过高压空气把水赶走，工人可以在里面工作，为墩身打基础。

在沉箱工作室里，工人用挖土机具和其他机具，挖除沉箱底下的土石，排除各种障碍物，使沉箱在自重和逐渐增加的压重作用下，克服周围的阻力和压缩空气的反作用力而下沉。

当沉箱下沉到与设计标高的木桩头衔接后，工人再用混凝土填充工作室，沉箱就成了桥墩基础。

如此一来，正桥桥墩就形成三个部分——最下面的木桩、木桩上的沉箱和沉箱上的墩身。沉箱是木桩和墩身之间的联结体，既是墩身的底座，又是木桩的帽子。

由于墩身是钢筋混凝土结构，不能在水中浇筑。因此，工人要在沉箱还未下沉时，在上面装上木围墙，把水挡在外面，在里面筑墩身。随着沉箱慢慢下沉，墩身越来越高，等到高出水面后，工人就可以拆除木围墙了。当沉箱到达木桩头时，墩身也很快就完成了。

独创"射水法"打桩

由于遇到的问题较多，如建桥需要工地、需要协商租赁民用地等，迟迟不能正式开工。直到开工典礼5个月后，1935年4月6日，钱塘江大桥才正式开工。

我们在开工前做了充分准备，也预想到各种情况，直到正式施工才发现，江面风大浪急，江底泥沙变幻无常，完全超出了预期。

凭借当时的技术和施工条件来应对这些情况，确实有些力不从心。因此，刚开工不久，我们就遇到了一连串的问题和困难。

最困难的工程是正桥的桥墩建设，这也是建桥成败的关键。我们最先遇到的难题是桥墩打桩。

把桥墩筑在流沙泥土层上肯定不行，建在水下约50米深的岩石上也不现实。唯一的办法就是在建桥墩的位置，准确无误地打入木桩，穿过水和流沙抵达岩石层，再在木桩头上做进一步的建设。

按照钱塘江的水文和流沙特征，有9个桥墩需要打进木桩作为基础。每个桥墩需要160根木桩，每根长30米。但江底泥沙有41米深，当桩脚沉到泥沙下面的软石层时，桩头已经有11米陷入泥沙中了。

确定桩的位置，把长桩打进江底，必须借助特制的工具设备和准确的测量技术。

有一个承包商，在上海特制了打桩船，每艘能起重140吨。

但是，我们又遇到了意想不到的问题。因为水下泥沙层太硬，如果打轻了，木桩下不去；如果打重了，木桩容易折断，一天一夜才成功打进一根木桩。

08 - 历经"八十一难"

一共有9个桥墩,需要打进1440根木桩。按照这样的进度,大桥不可能在一年半内建成,打好这些木桩差不多就得花4年的时间。

为此,我心急如焚,冥思苦想地寻找快速打桩的方法。原先的打桩计划几乎进行不下去了,工程差不多也停下来了。

有一天,我路过一个花坛,不经意间看见一个小孩正用一把铁壶浇花,从铁壶嘴流出的水流把花下的泥土冲了一个小洞。刹那间,我的灵感迸发出来:"水能冲出一个个小洞,钱塘江里有的是水,把江底的沙泥层用水冲出一个个深洞,再打木桩不就很容易了吗?"一个解决打桩难题的妙计立刻浮现在我的脑海中。

我特别激动,急忙赶到工地,把自己的想法详细讲给在场的工程技术人员,大家都认为这个方法可行。于是,我跑到打桩船上,布置改进设备,进行试验,结果证明这个方案非常有效。

我把自己独创的这种打桩方法称为"射水法":先用高压射水管冲破江底的硬泥沙层,将泥沙层冲出一个个深洞后,将射水管拔出,立刻插入木桩,再用蒸汽锤往下使劲地打。当木桩顶端快要沉入江面时,赶紧接上20米长的钢管连上木桩,继续用蒸汽锤往下打,直到木桩到达预定的深度，最后再拨出用来送桩的钢管。采用这种方法，每天可以成功打进30根桩，大大加快了工程的进度。

想出"吊运法"搬运沉箱

桥墩工程中打桩的难题解决以后，搬运和固定沉箱的困难又接踵而至。沉箱是长方体的钢筋混凝土结构，长约18米，宽约11米，高约6米，重约600吨。这样一个庞然大物，如果事先在岸上做好，凭借当时的机械设备，无法把它拖下水。

桥工处最初采用的方法是船坞法，就是先在江边挖一个船坞，关上闸门，然后将坞中的水抽干，在里面浇筑好沉箱，再开闸放水，沉箱浮起后，就可以把它拖出去。

然而，在江边没挖多深，我们就遇到了和江底相通的泥沙，如果继续挖，泥沙和水会一起涌入，越挖越多。即使把船坞挖成，里面的水也抽不干。这个方法行不通，我们只好在岸上浇筑好沉箱，再想办法搬运到江中。

钱塘江大桥的每项施工方法，几乎都是当时国内的首创。经过反复琢磨，我们最后想出"吊运法"搬运沉箱。首先，浇筑沉箱时预置钢条若扇骨，并在扇骨交接处安置一钩，用来起吊放落。通过这种设计，使起吊着力部位在箱底，不影响内部应力，比较安全。其次，我们将浇筑好的沉箱排成一排，在两旁各自构筑一条通往江上的轨道，临江的一侧，用木桩搭好架子，将轨道伸到江中深水处，形成一座临时码头。最后，我们再量身定制一辆只能在轨道上行驶的钢架吊车。钢架吊车的设计也颇费了一番周折，设计的关键在于车架的刚性和架脚的着力点。让特制的吊车把沉箱吊起，慢慢沿着轨道行驶，将沉箱搬运到轨道尽头临时码头的江水中，这样就可以浮运了。

这个方法只需要一套机械设备，就能将全部沉箱一个又一个地搬运到水中。沉箱在轨道上的移动完全受机械控制，快慢进退，操纵自如。

在狂风暴雨中让沉箱平稳就位

在设计中，我虽然周密细致地考虑过施工的诸多环节，也避免了很多问题，但由于每一个步骤都是第一次，难免会有许多意想不到的状况发生。

第一座沉箱起吊比较顺利。第二座沉箱起吊时，在600吨重的沉箱压力下，箱体出现了两轨高低不平的现象，虽然不是很明显，但我还是敏锐地发现了。

我让技术人员用三角形钢撑加固，用来抵御双轨不平的影响。沉箱通过钢架吊车起吊到临江的一侧,而临江一侧是用木桩搭好的一座临时码头。我们要考虑如何让沉箱安全地下水,又不得不设法对临时码头加固。

看着缓缓升降的沉箱,我的心也随着一起升降,每一个微小的动作都牵动着我的心。我们克服了重重困难后,沉箱终于顺利地下水了。

沉箱入水后,还需要浮运到预定的桥墩处。长方形的沉箱在水中浮运的阻力很大,拖拽都不容易。我们只能在钱塘江涨潮时,顺潮而上,使用拖船从旁协助,尽可能保证浮运路线不发生偏离。

利用水的浮力作用,把沉箱浮运到桥墩处比较容易,使沉箱在水流的冲击下依然保持固定则非常困难。

第一个沉箱浮运到桥墩处后,我们用铁链缆索连接6个3吨重的船用大铁锚,分列在沉箱四周,再用6台手摇绞台操纵。开始的时候风平浪静,沉箱顺利就位。

然而,大风、大潮不久就接踵而至,把沉箱冲离桥墩处,在江面上漂来漂去。有一个沉箱刚刚浮运到桥墩处就带着6个铁锚和拖船,顺着落潮和江水的合力往下游漂去,一直漂到下游闸口的电厂附近。后来,我们费了九牛二虎之力才把它拉回桥墩处。正要把它沉到江底时,又遇到了大潮水,大潮水冲断了系着沉箱的铁链，沉箱一下子浮了起来，顺着大潮水，逆江水向西，漂到上游的之江大学那里去了。

潮水退去后，它并没有顺着退潮返回，而是一头陷在江边的泥沙中一动不动。我们又费了很大的劲，才把沉箱再次拖回到桥墩处，我们再次装上铁锚，让它下沉。此时，江上突然狂风暴雨，天昏地暗，沉箱拖着6个3吨重的铁锚向下游漂去，而且越漂越快，到达南星桥，撞坏了南星桥轮渡码头。

这也证明原来的方法无法固定这个庞然大物，需要加以改进。这时，有一位工人提出了一个很好的建议，就是用更重的大锚锚定它。于是，我和罗英就让承包商浇铸10吨重的混凝土大锚，并用高压射水将它们深埋在泥沙中，沉箱终于不再乱跑了。

沉箱就位后，需要慢慢沉到江底，可是，随着沉箱逐渐接近水底，下面的流水越流越急，加剧了江底与沉箱之间的冲刷，沉箱下去后放不平。后来，大家一起想出一个办法，先在江底铺厚厚一层柴席，防止冲刷，沉箱才得以平稳就位。

亲自下到水下十几米深的沉箱

沉箱沉入水底后，操作工人要通过气闸进入沉箱工作，先清理江底的障碍物，如过江电线、柴席等，再挖去沉箱下面的泥沙。工人还可以察看沉箱底下的情况，检查清点预先打入的160根木桩的位置。

这是一项高风险的工作，沉箱中的大气压强比岸上的高很多，沉箱完全依赖压缩空气，用高气压排出江水，万一压缩空气出现故障停止供应，江水就会在瞬息之间进入沉箱，工人如果不能及时逃生，就会有生命危险。

沉箱下沉，要刚好扣在已经打好的木桩群上，让沉箱跟160根木桩头丝毫不差地重合，这并不是一件容易的事情。这些木桩打下后，在水面上看不出一点痕迹，如果沉箱下沉时稍微歪了一点，到达木桩头时位置就不正了，或者打桩时稍微偏了一点，木桩头的位置就不正了。

按照我们的设计，每根木桩都有固定的负荷，都有自己的承载任务，少了一根或偏了一根，负荷就要转到别的木桩上，就会增加其他木桩和下面石层的压力，石层是软的，承载力有限。我一直非常担心这个问题，并严格要求质量检验人员，在每一个沉箱下沉到木桩头时，一定要进入沉箱仔细测量每一根木桩头的实际位置，查看木桩头有无损坏。

我对照了160根木桩的位置图，认真阅读施工报告和检验记录，并坚持亲自下到沉箱对照复核。

我第一次下到沉箱复核时，一边看一边数，目睹这160根木桩恰好稳妥地安置在设计的位置上，分毫不差，我才松了一口气。出了沉箱，来到打桩船上，我非常高兴地夸赞工人们的辛苦劳动，他们很感动，操作更加谨慎，更加精益求精。

在沉箱里工作，最大的不便就是工人不能及时与岸上人员对话。有时候，我想了解沉箱内的施工情况，只能下到水下十几米深的沉箱，或者让工人从水下上来汇报，每次进出沉箱很不方便。最后，我们采用微波电话解决了这一问题。

采用"伸臂法"架设钢梁

随着沉箱下沉到位，沉箱上面的墩身也差不多做好了，接下来就是架设钢梁。这些钢梁在英国制造，先在英国进行试装配，装配成功后再拆散运到杭州进行拼装，然后把钢梁安装到桥墩上。

说起来容易，做起来难。钢梁运到杭州后，如何拼装完整，如何把这么笨重的庞然大物安装到相邻的两个桥墩上，都是需要我们

认真思考的问题。

一般情况下，如果是小桥，则在河中搭架，然后在架上现场拼装，或者将钢梁整体拼装好，用起重机吊起进行整孔安装。

对于大型桥梁，架设钢梁就采用"伸臂法"。在岸边把一孔一孔的钢梁拼装好，从岸边装好的一孔上，再把另一孔钢梁伸出去，搭在前面的桥墩上，从两岸开始，一孔一孔地逐步进行，最后在江心的桥墩上会合。

采用这种方法，要求桥墩完工要有一定的顺序，钢梁才能从两岸逐步伸向江心。然而，钱塘江大桥的施工采用的是"上下并进"的方法，各个桥墩争先完工。为了赶时间，桥工处的工程师们经过反复研究，我们决定只要完成两个相邻的桥墩，就先架上钢梁，不管桥墩的位置是在江心，还是靠近江边。

钢梁全部运到后，钱塘江上还没有相邻的两个完全完工的桥墩。按设计图纸重新拼装后，每座钢梁长67米，宽6.1米，高10.7米，重260吨。

根据施工程序，各个桥墩的完工日期比较接近，需要把运到的钢梁全部拼装好，以备及时浮运。但是，这么长的钢梁，如果横着放，占地太多；如果直着放，又难以竖起，搬运难度也很大。

最后，我们群策群力，终于想出一个比较稳妥的办法。工人们在钱塘江北岸受江水冲刷较少的地方，用木桩修了两条相距约66米的栈道码头，作为拼装好的钢梁的临时存放地。

创造"浮运法"安装钢梁

搬运时最大的难题是如何防止钢梁扭曲，这需要比较灵活、载重量大、有一定高度的机械设备，安装时可将钢梁从栈道码头顺利装上船进行浮运。为此，我们又特制了一辆8米长的钢梁拖车，可以把钢梁托起，便于在栈道上搬运。这种拖车经过多次试验才制作成功。相邻的两个桥墩建好后，就用特制的拖车把拼装好的钢梁平列于两条栈道上，等到一座钢梁浮运到桥墩上架设，再将新的钢梁运送到栈道上。如此一来，栈道上可以同时存放七八座钢梁，使大桥的建设进度大大加快。

后来，我们还创造了"浮运法"，这种方法很好地利用了钱塘江潮水涨落的水文特性。

为了顺利实施浮运法，我们又特制了两条木船，这两条木船是连在一起的，每条船上都搭有两座相对应的塔形木架，可以托住钢梁。木船上有一个水舱，可以利用储水量控制船身的升降。

浮运钢梁需要赶在每个月的大潮汛来临时进行。潮水来临之前，采用增加或降低船舱储水量的方法，使船上浮或下沉，最终使船上的塔形木架刚好托住钢梁。大潮水到来时，因为涨潮使船顶起了钢梁，脱离了栈道，木船便随潮水平稳地向桥墩浮运而去。

在安装钢梁时，需要钢梁浮运队伍和桥墩浇筑队伍紧密配合。在现场统一指挥号令下，所有参与人员分工明确，步调一致，齐心协力。浮运人员利用涨潮的时机，慢慢将钢梁浮运过来，对准两个桥墩上的钢梁支座，完成安装的工作。潮水的水位此时还比较高，钢梁安装还不能一步到位，只能等待落潮降低水位。当潮水降落时，指挥人员一声令下，大家齐声喊一个号子，钢梁对准钢梁座，同时增加船舱的储水量，使木船下沉，钢梁就可以稳稳地架设在桥墩上了。安装人员快速、准确地把螺栓穿过钢梁座与钢梁孔，再把螺栓拧紧，钢梁安装就大功告成了。

大桥最南和最北的两个桥墩由于靠近江岸，水浅，难以实施浮运。靠北岸的那一孔位于钱塘江由北向东转折的弓背，江底较深，我们尝试采用浮运法，一下子就成功了。

靠南岸的那一孔，在设计阶段测量江水的深度时，我们预判可以采用浮运法。但是等到桥墩施工结束，两个桥墩之间的泥沙严重淤塞，最南的两个桥墩之间有67米宽，一半有水，另一半完全是泥沙淤塞。

当时，钢梁已经全部在北岸拼装结束，我们只能将原来拼装好的钢梁拆开再运到南岸。江底泥沙淤塞高出水面的半孔，采用搭架法安装，另一半有水的半孔，采用伸臂法安装。

相较于主桥建设，引桥建设的难度小得多，但是在建设过程中，我们仍然频频遭遇挫折，耽误了很多时间。幸运的是，这些困难都被我们一一克服。

用心记录大桥建设过程

钱塘江大桥工程种类繁多，内容复杂，最后的成功是经过无数次失败才取得的。为了把这些经验完整地留给后人，在大桥建设过程中，我十分注重大桥建设的过程记录。

只要到工地现场，我基本都会随身携带照相机，把实际情形拍摄下来，让未到现场的人了解钱塘江大桥是怎样修起来的。此外，我还指派专人负责拍摄施工纪录片，现场成了摄影棚，工人成了演员，我和一位工程师当起了导演。这部纪录片的胶片长2500米，记录了所有特殊工程的全部施工细节，让观众了解工程的来龙去脉，对桥梁工程教育和资料保存具有重要意义。

同时，我还安排人员分阶段写绘各种工程的进行情况。写绘的记录主要有两种：一是正式的工程报告和竣工图，竣工图不同于设计图和施工图，是工程的最后实际情况；二是科普性质的报道，除了中外报刊刊登的消息外，在施工期间，我们每两周在上海的《科学画报》上刊登一次文章，分八期刊完。1950年，中国科学图书仪器公司将这八期内容汇编成一本书正式出版，书名为《钱塘江桥》。

培养本土桥梁工程技术人才

在建桥过程中，我敏锐地意识到，这项由我国主持的巨大工程，有利于训练、培养本土桥梁工程技术人才。我把这个想法告诉罗英后，他也非常赞同。

除了聘请几位国内知名的桥梁工程师和一些有经验的技术人员，我们先后吸收了29位刚从大学毕业的青年。我根据自己在美国读书时的经验，安排新进桥工处的大学生一边在室内学习绘图设计，一边在室外学习勘测及各种施工，让每一个人都有深入工程一线实地锻炼的机会。我还要求他们把握大桥建设的整体进程，对大桥的设计施工有完整的了解。这些工程技术人员后来都成为新中国桥梁工程的中坚力量。

中国人独立建造钱塘江大桥的新闻曾轰动一时,为了回馈社会的关注、借机宣传科学知识,我多次为报刊撰写文章。此外,我让工程技术人员写建桥心得,介绍设计和施工中的问题,并刊登在工程刊物上。

在设计和施工过程中遇到的许多困难与问题,都成为我的研究课题。我把这些课题分派给工程技术人员,让他们分工攻关,比如,"流沙与冲刷的关系""如何将木桩深深埋入江底""倾斜岩层上的沉箱如何稳定",等等。对于这些问题,他们都提出了自己的见解,有时甚至还会争得面红耳赤。

为了培养未来的建桥人才,我还拟定了一个特殊计划。在1935年和1936年的暑假前,我分别写信给国内的工科大学,欢迎三年级学生来建桥工地实习两个月,由桥工处提供食宿。实习学生报到后,我会对他们的实习和生活做出安排。我请桥工处指定专人,每天给他们上一到两个小时的课,向他们介绍施工情况,讲解施工图纸和工程设计的科学依据。其余时间,轮流分派他们到各个工地现场实习。实习期满,还发给他们实习证书。当年在建桥工地实习过的很多学生,为新中国的公路、铁路桥梁工程做出了不同的贡献，有很多人成了工程技术专家。

　　钱塘江大桥的兴建，大大地提高了中国人的民族自信心，同时改变了很多人不相信中国人能自己建造现代化大桥的固有观念。在大桥施工期间，一些地方政府纷纷派人前来与桥工处洽谈，邀请桥工处前去帮助勘查河流，设计桥梁。我认为，这正是培养和壮大我国桥梁工程人才队伍的大好时机。于是，桥工处在不影响钱塘江大桥工程的前提下，又承担了几个桥梁的勘查和设计任务。

　　1935年秋，我前去武汉接洽武汉长江大桥的建造工程。在我的指导下，1936年8月，桥工处做出"武汉建桥计划书"。根据这个计划书，要在武昌蛇山和汉阳龟山之间的长江上，建造单线铁路和双线铁路的联合大桥，还要在汉水上分别建造一座铁路桥和公路桥。施工期限定为3年，计划于1937年10月举行开工典礼。此计划书因抗日战争全面爆发搁浅。

经历最为惊心动魄的一幕

　　抗日战争全面爆发之时，大桥的全部工程已接近尾声。但是，还有一个很大的难关，阻碍着工程的进度。这就是江中心的第6号桥墩的下沉工程。这座桥墩最高,从顶到底高34.5米,下面没有木桩。它刚好要落在江底石层的斜坡上,在桥墩底部沉箱的范围内,坡面高低差达8.5米,这种地质情况不适合安放沉箱。

最初,我们想到了两种解决方案:一种方案是在石层低的地方打进短桩,使桩头与石层高处齐平;另一种方案是在石层高处开凿,凿到和低处齐平。无论采用哪一种方案,实际施工都极其困难。

我们首先尝试了第一种方案,浮运沉箱之前,在桥墩的位置打进按石层高低长短不一的钢筋混凝土短桩,并且特制了30米长的钢管送桩,把这些短桩送到石层。这些长短不一的钢筋混凝土短桩,通过送桩钢管一次一根打入江底。送桩打入30根后,意想不到的事发生了,送桩钢管意外损坏,检修人员抢修后发现无法修复,送桩钢管也来不及重新制作,我们不得不停工。

后来,我们就用第二种方案,把石层高处凿低。这种方法的施工难度也很大,进展非常慢,把8.5米高的坡度凿平,需要很长时间才能完成。为了赶时间,我们决定,高的地方继续凿,低的地方用混凝土基桩垫高。然而,这个施工方案需要在气压沉箱的工作室里进行,沉箱在深水中,电焊等操作困难重重。因为有许多技术问题无法解决,我不得不下到沉箱,现场决定技术措施。

1937年8月14日，日本飞机首次空袭上海、南京和杭州。这一天，我经历了担任钱塘江大桥工程处处长以来最为惊心动魄的一幕。

当时，我刚好在6号桥墩的沉箱里解决一个重大技术问题。刹那间，沉箱里的电灯全部熄灭，处于深水中的沉箱顿时漆黑一片。我们毫无防备，随即一片惊慌，大家不约而同地发出"啊"的惊呼。因为沉箱里的电灯照明和高压空气输送的电都是从岸上输送下来的，当时在沉箱里的人都下意识地认为，只要电灯一灭，高压空气一定也停了。如果没有高压空气，江水就会涌进来，没有一个人能活着出去。

过了片刻，大家发现没有发生事故，我这才想起来，照明用电和输送高压空气用电不是同一线路。于是，我就安慰大家："不要惊慌，高压空气输送正常，水是不会进来的！"

又过了一会，确实没有发生危险，大家才放下心来，耐心地在黑暗的沉箱里静静地等待消息。半小时后，电灯突然亮了，我们十分惊喜。绝处逢生，重见光明，那种喜悦之情难以言表。我也长长地吁了一口气，心里的一块石头总算落了地。

后来，沉箱的入口忽然打开了，一个监工跑了进来。他告诉我们，刚才电灯出了故障，现在恢复正常了，让大家继续工作。我马上跟着报信人走出沉箱，到外面一看，整个江面悄无声息，外面的一切工作都停了，原本繁忙的施工现场却不见一个人影，只有一位守护沉箱气闸的工人。

我迫不及待地问他："这是怎么回事？刚才施工的许多人怎么一下子都不见了？"

这位工人镇定地告诉我，半个小时前，这里放空袭警报，叫各地把电灯全部关掉，说有日本飞机要来炸桥，要大家赶快往山里躲避。施工人员刚刚躲开，果然看到3架日本飞机，投弹到江中，没炸到什么东西。现在日本飞机飞走了，但防空警报还没解除，所以还不能马上恢复施工。

"空袭警报拉响了，你自己为什么不躲开？"我又问他。

"这么多人在下面，我管闸门，怎能走开呢！"

"幸亏你坚守岗位，才保证了下面施工人员的安全！谢谢你，谢谢你！"我赶紧上前握住他的双手，激动地表达内心的感激之情。

几十年后，我对这位坚守岗位、临危不惧的工人仍然记忆犹新，他的样貌还清晰地印在我的脑海里。

自那以后,日本飞机经常来骚扰,轰炸目标就是钱塘江大桥工程。由于遭到军队高射炮的猛烈回击,日本飞机始终没能炸中大桥,只炸坏了岸上的一些工房。

一定要争取大桥早日建成通车

我们不计代价地加快第6号桥墩的施工,沉箱里的石层取平工作在8月18日顺利完工,上面的桥墩也接近尾声。上下并进,到9月11日晚,6号桥墩全部完工。至此,大桥的15座桥墩已全部竣工,其他桥墩的钢梁也已全部安装妥当。

6号桥墩的左右两孔钢梁也早已拼装好,浮运工作准备就绪,只等钱塘江涨潮。

当然,钱塘江的大潮水并不是每天都有的。9月19日,我们趁着潮汛,用浮运法把墩北的一孔钢梁装上,但墩南的钢梁来不及安装了。第二天,钱塘江的大潮汛如期而至,我们把墩南的一孔钢梁也顺利装上了。

两孔钢梁的架设只隔了一天,桥墩上混凝土的最后浇筑只用了8天。这个速度在当时的桥梁工程史上十分罕见。

战火随时都会再次燃烧到大桥的建设工地,所有建桥人员的想法一致,我们不能到抗战前线去,那就一定要争取让大桥早日建成通车,为抗日做出自己的贡献。

钱塘江大桥的桥墩和钢梁全部完工后,只剩下桥基上铁路铁轨的铺设和公路路面的浇筑。

钢梁上面的钢筋混凝土公路面,本要等到全部钢梁架上桥墩才动工,为了赶工期,在6号桥墩完工前,我们就在其左右的两孔钢梁上预先将浇筑公路面所需的木模和钢筋安装好,只剩下混凝土浇筑这一道工序。等到钢梁一架上桥墩,就立即在木模内浇筑公路面的混凝土。这样,6号桥墩南北两端的公路面很快就跟其他已经铺好的公路面接通了,大桥的公路就全线贯通了。

钢梁下部的火车轨道,我们也采用同样的办法。钢梁一装上6号桥墩,我们就铺枕木钉钢轨,很快就和其他14孔已安装好的铁路轨道接通了。所有的铁轨铺设好后,我们又对大桥钢梁安装、铁轨铺设和公路面浇筑做了一次全面的安全检查,确认大桥胜利竣工。

安装好最后一孔钢梁6天后,也就是1937年9月26日清晨4点,第一列火车喷云吐雾地向刚建成的钱塘江大桥缓缓驶来。火车头兴奋地喘息着,机车头顶的烟囱冒着浓烟,吐着白色的水蒸气,在钱塘江上空飘散。车轮压着钢轨发出"轧轧"声,地面开始抖动,从车底卷出的风吹得脸热辣辣的,工地上顿时欢声雷动。因为处

这才是你该追的星
茅以升

于战争年代的特殊时期，我们没有举行通车典礼。

"钱塘江造桥"这件在很多人看来不可能完成的事情，终于成为现实。望着徐徐驶过的列车，我的心情像钱塘江涌潮一样上下翻卷。从1934年11月11日举行开工典礼，到1935年4月6日正式开始施工，再到1937年9月26日正式通车，实际施工时间共计925日。

一般情况下，施工人数每天约770人，施工最紧张的时候每天达到950人。施工期间，无论桥工处，还是全体施工人员，都没有假期，我们不分昼夜、全力以赴。

科学家小故事

唐臣造桥也要"八十一难"

一次，母亲看见茅以升坐立不安的样子，猜到一定是他建桥遇到了困难，就安慰他说："唐僧取经，八十一难，唐臣造桥，也要八十一难，只要有孙悟空，有他那如意金箍棒，还不是一样能渡过难关吗？你何必着急！"

母亲的一席话，让茅以升深受启发。他想了想，造桥的孙悟空究竟是谁呢？当然不是他自己，而是全体造桥人员。那如意金箍棒又是什么呢？应该是科学知识，就是利用钱塘江的水克服钱塘江的泥沙。想到这里，茅以升又信心大增。

09
不复原桥不丈夫

> **科普小贴士**
>
> ### 走向世界桥梁强国之列
>
> 20世纪的最后20年,中国在桥梁建设方面取得了突破性进展,拱桥出现了两种新型结构——钢管混凝土拱和下承式系杆拱桥,前者如四川旺苍东河桥和广东高明桥,后者则以芜湖元泽桥和广东惠州水门大桥为代表。
>
> 1982年建成的陕西安康汉江斜腿钢架桥是一座主跨176米的铁路钢桥。1991年开工的上海杨浦大桥为主跨602米的结合梁斜拉桥,1994年建成时,居世界斜拉桥跨度之首。
>
> 20世纪90年代初,我国开启了跨江公路桥梁建设大战。10年间,湖北黄石梁式桥、安徽铜陵斜拉桥、四川万县拱桥、江苏南京二桥斜拉桥和江阴悬索桥等的技术障碍相继被

> 攻克，为新世纪更大规模的跨江、海公路桥梁的建设奠定了坚实基础。

准备应对一切可能发生的变故

钱塘江大桥铁路通车后，被限制只能在夜间通行，通行时还要熄灭车灯。公路则一直未通车，我们在公路面上故意堆积了一些杂物，使它看上去就像还没有竣工的样子。如此一来，日本飞机就不会拼命去炸大桥了。

随着大桥的完工，我加紧拟订善后计划，准备应对一切可能发生的变故。我甚至还对大桥可能被炸的几种情况做了预判，并准备了相应的方案。

日本飞机投下的炸弹准确无误地掉落在大桥上，如果炸弹的威力不大，首先受损的是大桥最高层的公路路面，公路路面由钢筋混凝土筑成，在路面爆炸，可以有效地保护下层的铁路路轨不受影响，大桥还可继续通火车。

如果炸弹的威力较大，把大桥的钢梁炸断了，在这样的情况下，如果是靠岸的一孔被炸，我们可以迅速搭建便桥；如果是江中正桥一孔被炸，我们就把靠岸的一孔钢梁卸载后浮运到江中，再利用江潮进行安装，然后将靠岸的一孔搭建便桥。

我还考虑到，如果大桥被炸需要修复，就要使用修理工具和机械设备，但建桥所有的机械设备都是承包商自行购置的，于是，我就跟各个承包商协商，让他们把所有的机械设备全部留下来，我们采取有偿使用的方式，并跟他们签订协议。

但我万万没有想到，自己带领一帮人呕心沥血设计和建造的钱塘江大桥，最后竟然还要自己亲手炸掉。

跟军方一起商量炸桥方案

钱塘江大桥通车一个多月后，我接到命令，要求我们协助运送炸药、电线、雷管等的丁教官完成炸桥任务，并让我和罗英事后会同丁教官，将炸桥情况及时上报。

大桥建成才一个多月，又要马上把桥炸掉，形势变化如此之快令我感到无比震惊。

经过深思熟虑和多次讨论，我们最后决定，先把炸药放进要炸的南岸第二个桥墩的桥孔里和五孔钢梁的杆件上，然后把100多根引线从每个放炸药的地方全部接到南岸的一所房子里，并准备好雷管，随时做好炸桥准备。接下来，丁教官的人就在南岸桥边守候，等到要炸桥时，再把每根引线接通雷管，这项工作顶多2小时就可以搞定。这样就可以做到既不耽误撤退，又能随时炸桥。

随丁教官运来的炸药共有2吨，他连夜带领士兵在大桥上安放炸药，布置引线。由于丁教官对桥梁的结构不熟悉，不知将炸药安放在何处炸桥效果最佳。我就派监工来培淇协助丁教官。来培淇陪同丁教官和10多名工兵，在炸药安放位置进行技术指导。大家趁着夜色，把2吨炸药装入南岸2号桥墩预留桥孔和准备炸毁的钢梁上。

11月16日，大家整整忙了一个晚上，直到第二天清晨，才将安放炸药和布置引线的任务全部完成。

瞬间被炸得面目全非

安放炸药和布置引线后，火车还是照常通行。只是从17日开始，我们通知经过钱塘江大桥的火车司机，不得在经过钱塘江大桥时添煤加火，更不允许有明火落下。此后，火车就这样在装有2吨多炸药的大桥上南来北往。

17日清晨，炸药刚刚安放完毕，我接到命令，要求立即放开大桥公路，让车辆和行人过江。于是，我赶紧指挥桥工处的人员清理大桥公路上的障碍物，让杭州的老百姓过桥更方便。公路开放的第一天，从早到晚，大桥上的人摩肩接踵，公路上挤得水泄不通。仅在这一天，过江的人数就达到10多万，创造了单日过江人数最高纪录。

为躲避战火，钱塘江大桥桥工处从11月中旬开始就全部撤退至浙江兰溪，并在兰溪进行大桥设计的扫尾工作。大家认为，当时最重要的工作就是完成大桥竣工图。由于战火逼近，实际施工中取得的数据还没来得及绘到竣工图中，为了赶工，工程技术人员就趁搬迁到兰溪的短暂时间补办。同时，还有一些工程报告也需要在兰溪补办，否则，战火一起，人员一散，就又无法完成了。

1937年12月22日，日军进攻德清武康，距离杭州仅一步之遥，形势十分危急。这时，钱塘江大桥成了唯一的撤退后路，公路、铁路的运输一下子繁忙起来。

据铁路局统计，仅12月22日这一天，通过钱塘江向南撤退的各式车辆有2300多辆。经估算，仅这一天过江物资的经济价值就已远远超过建桥花费的500多万银元。

12月23日午后，中国军队失利，60余万大军先后经由大桥向南撤退。下午1点，军方下达了炸桥的命令，丁教官马上命令士兵把100多根炸药引线接到雷管的起爆器上。下午3点，引线已全部接好。然而，过江的人群仍蜂拥而至，大桥又延长开放了2小时。下午5点，我们在桥南隐约看见有日本骑兵到达桥头，这才禁止大桥通行。接着，我们赶紧接通爆炸器的电源，只听见"轰隆轰隆"几声巨响，大桥顿时火光四溅，瞬间就被炸得面目全非。靠近南岸的第二座桥墩的上部也被完全炸毁，五孔钢梁一头斜靠在桥墩上，一头落入水中，炸桥的结果与原来的计划完全一致。

大桥被炸的第二天，杭州沦陷了。历史学家这样评价这段历史：日军实施南京大屠杀后，南侵镇江、无锡、芜湖等地，所到之处疯狂实行"三光"政策，杀我同胞无数。唯侵占杭州后，发现杭州几乎是一座空城，因此，杭州也是所有城市中被杀军民人数最少的。此钱塘江大桥莫大之功也。

完整保存14箱宝贵的资料

1938年的春天，唐山工学院撤退到湖南湘潭，并邀我任院长，主持复课。于是，我带领桥工处的剩余人员，从兰溪迁往湘潭，秋天又迁往湘西杨家滩。

1939年初，我们又迁往贵州省的平越县（今福泉市）。桥工处经过一再疏散，到平越时只剩下3个人，除我之外，还有一个银行稽查员和一个帮助保管公物的监工。由他保管的这套公物，一共14箱，包括各种图表、文卷、电影胶片、相片、刊物等。这些都是修建钱塘江大桥最重要的资料，一直被我视为"科学珍宝"。虽然经过多次辗转，但这些资料最后都完好无缺地保存了下来。

可以说，这是我国桥梁史上少有的、最完整的大桥建设史料。在后来修复大桥的过程中，这14箱资料也发挥了非常重要的作用。

立下的誓言终于实现了

1946年春，我刚回到经过战火洗礼的杭州，就接到通知，让我重新补充钱塘江大桥桥工处的人员，尽快修复钱塘江大桥。

大桥的修复计划分为两步：第一步是维持大桥的临时通车要求，接通公路并维持铁路正常通车。这个

阶段的重点是修复大桥被过度破坏的部分。第二步是按大桥原设计标准进行全面修复。损坏的钢梁、桥墩和公路面，一律恢复原状。因抗战半途而废的结尾工程，也按设计要求予以完工。

1946年9月，大桥修复的第一步开始施工，这个修复计划的最大工程就是抗日战争时被炸毁的五孔钢梁。我们在破坏过的五孔钢梁上面铺设木桥面作为临时公路，可单线行驶汽车，并在两旁安上临时木栏杆。对于各孔完好的钢梁杆件，再加涂一层保护油漆以防生锈。

1947年3月1日，公路通车，大桥双层路面恢复正常行驶。不过，由于大桥损坏严重，火车过桥的时速要限制在10千米内，汽车时速要限制在15千米内，并且火车与汽车不能同时过桥。从这时开始，过桥汽车需交纳"过桥费"，用以管理和维护大桥。

第二步正式修复大桥的设计和施工，我委托中国桥梁公司上海分公司承办，当时的总工程师是汪菊潜。

大桥的正式修复，遇到了与建桥时差不多的难题。破坏最严重的是正桥的桥墩和钢梁，大桥的桥墩和钢梁也成了修复大桥的难点。被炸毁的南岸第二座桥墩，首先要凿去日本人草草筑起的上部墩身，拔出日本人打下的木桩，在建桥时建设的沉箱上，重新修筑桥墩。江中心的5号、6号桥墩，因墩壁受到严重破坏，需要彻底修复。同时，修桥时必须保持汽车和火车正常通行，修筑桥墩又需要在水下作业，在这样的条件下修复大桥，确实有很大的难度。

汪菊潜接受了修复钱塘江大桥的任务后，一直在思考如何既保证大桥正常通车，又能及时修复破坏严重的桥墩。经过反复商讨，我们计划用"套箱法"解决这个问题。这样既可以成功地解决修复深水桥墩的难题，又能确保修复的质量。

所谓"套箱法"，就是从桥墩两旁的钢梁上吊下一个大套筒，将桥墩的四面围住，下面落到墩底的沉箱顶板，或卡在墩壁的斜坡上，由深度决定，上面高出水面，再将套筒围绕桥墩所形成的夹层里的水抽干，让工人下去修理墩壁。

这个大套筒又分为两节，下面是八角形钢筋混凝土的套箱，上面是有支撑的木板围堰。套箱悬挂在桥墩两旁的钢梁上，就像一个吊在空中的开顶沉井，放松悬挂套箱的钢索，让它降落到江底，然后在箱内挖土，使它下沉，直到下面的沉箱顶板。

同时，在套箱上面接长木围堰，形成套箱的延伸部分。这样一来，整个大套筒就重约800吨。然后用水下混凝土，封闭套箱的底脚，等混凝土凝结，抽干箱内的水，这套筒就成为挡水围墙，在围墙内进行修理工作。修理完毕，拆去套箱上的木围堰，就全部竣工了。

1952年4月，5号桥墩修复完工。1953年9月，6号桥墩也修复完工。我曾经立下的"不复原桥不丈夫"的誓言终于实现了。

科学家小故事

五行不缺了，桥却断了

钱塘江大桥被炸后，茅以升难掩悲愤之情，含泪写下"抗战必胜，此桥必复"8个大字，并写下了《别钱塘》七绝3首，其中有两句是："五行缺火真来火，不复原桥不丈夫。"

在大桥建设的过程中，罗英曾出过一个上联"钱塘江桥，五行缺火"，并征求下联。这是因为"钱塘江桥"这4个字的偏旁分别为金、土、水、木，按照中国的五行之说，就是缺火。

罗英提出上联后，当时没有人想出下联。大桥被炸后，茅以升十分悲伤地对罗英说道："不料现在火来了，五行是不缺了，但桥却断了。"

10
为解放上海立功

> **科普小贴士**
>
> ### 改革开放以来的桥梁建设
>
> 改革开放后,我国的桥梁建设全面展开,到2016年底,中国公路桥梁超过80万座,总长接近5000万米。世界桥梁建设"六七十年代看欧美,七八十年代看日本,世纪之交看中韩",中国已经成为名副其实的桥梁大国。
>
> 我国设计建造的桥梁还创下多个世界第一。比如,北盘江大桥是世界上最高的桥,杨泗港长江大桥是世界上最大跨度双层公路悬索桥,沪苏通长江公铁大桥是世界首座跨度超千米公铁两用斜拉桥,港珠澳大桥是世界上目前里程最长、投资最多、施工难度最大、设计寿命使用最长的跨海公路桥,等等。

在战火纷飞中担负起复校的重任

1937年初冬,我撤退到武汉。这时,唐山工学院的部分师生也到了武汉。于是,校友们互相联系,自发组织进行复校活动。经过大家一致推荐,在国难当头的紧要时刻,我义不容辞地担负起复校的重任。我四处奔走,获得了全国唐山工学院校友的大力支持。

1937年12月15日,唐山工学院在湘潭的两间铁路局公房里正式复课。交通大学唐山工学院的招牌也正式挂了起来。当时,湘黔铁路局还派出15名优秀工程师,每天乘轨道手摇车轮流到校义务上课。铁路局的图书资料和仪器设备也都免费提供给学生使用。

然而,当时的教育部不肯承认这个刚复校的学院,拒绝拨付相关经费。于是,我就以个人的名义,在武汉、南昌、长沙等后方城市的报纸上,刊登"茅以升招生启事"的广告,扩大复校的影响。已经走散的部分唐山工学院的师生,

得知复校的消息后,纷纷从全国各地赶来。实际存在的事实和社会舆论的支持,最终迫使教育部承认了唐山工学院的合法存在。

1938年3月,教育部正式任命我为唐山工学院院长。随着在册学生人数的激增,湘潭的临时校舍很快就不够用了。于是,我们又迁往长沙附近的杨家滩,租赁校舍继续上课。

1938年11月,随着战火的逼近,我们不得不再度南迁。经过1200千米的长途跋涉,我们终于在1939年的春节顺利到达贵州省的平越县(今福泉市)。考虑到敌人的飞机不太可能炸到这里,敌人的军队也很难到这里,我决定把学院暂时安顿在平越县,让大家安心读书。在平越县政府和民众的大力协助下,学院很快就具备了复课的条件。

在平越县的那几年,是我们度过的相对比较安定的一段日子。我聘请重庆、昆明、贵阳等后方大城市的知名学者、专家、教授任教。我们陆续聘齐了土木、矿冶和管理三系的教师,建立了图书馆和实验室,具备了基本的教学条件。

为了把最新的知识教给学生,我利用寒暑假邀请各学科的学者、教授到学院做短期的学术讲座。我也开设了土壤力学、岩床钻探术——地球物理学的运用等专题讲座。

这个偏僻的山区小县城里，突然进驻了近千名有较高文化素养的人，还形成了从小学到大学的完整教育系统，平越县成为远近闻名的"文化城"。1942年，唐山工学院又改名为交通大学贵州分校。那时，我辞去了院长职务，到贵阳任交通部桥梁设计工程处的处长。

1944年12月，由于日军侵犯黔南，唐山工学院再次被迫西迁。经过多方努力，我会同赵祖康等唐山工学院的校友，将师生们转移到四川省璧山县（今重庆市璧山区）的丁家坳，在交通部技术人员训练所的旧址复课。

主持筹办中国桥梁公司

1942年，我担任桥梁工程处处长，主要负责滇缅公路桥梁的修理和加固。当时，美国援助中国抗战的物资主要通过滇缅公路运进来，这条公路上的一些桥梁也急需修理和加固。于是，我向当时的交通部建议，成立中国桥梁公司，由公司来安置桥梁技术人员。同时，这个公司还可以作为工科学生的实习基地。后来，交通部接受了我的建议，并委托我主持筹办中国桥梁公司的成立工作。1943年4月，中国桥梁公司在重庆正式成立，由我担任总经理兼总工程师。

无工可做的时候，我就安排公司员工学习、研究桥梁技术，提高他们的业务素质。即使在最困难的时候，我也要求公司的技术人员着眼于将来的建设需要和科技发展，深入研究大跨度桥梁、钢结构制造、活动桥、水上沉管、隧道等技术，并组织搜集参考资料，为建造武汉长江大桥、上海越江大桥以及修复遭到破坏的桥梁做准备。新中国成立后，这批工程技术人才大都成为大型桥梁工程建设的技术骨干。

1946年6月，中国桥梁公司在上海成立分公司，作为搬迁上海的先行准备。此后几年，我的主要精力都花在了筹划建设新的大桥和修复被损坏的桥梁上。

科学家小故事

提出"党是建国的总工程师"

1949年6月30日，上海举行中国共产党成立28周年庆祝大会，茅以升在发言中说道："党是建国的总工程师，我们（这些）参加建国的工程师都要永远跟着总工程师走。"

11
成为新中国的科学家

> **科普小贴士**
>
> **闻名于世的中国现代大桥**
>
> 1.青岛海湾大桥：全长42.23千米，是我国建桥史上建设标准和科技含量最高的现代化特大型桥梁工程之一。
>
> 2.重庆万州长江大桥：1994年5月开工建设，1997年5月建成通车，是当时世界上跨径和规模最大的钢筋混凝土拱桥。
>
> 3.平潭海峡公铁两用大桥：我国第一座真正意义上的公铁两用跨海大桥，因"施工难度大"闻名于桥梁界。
>
> 4.武汉鹦鹉洲长江大桥：全长3.42千米，主跨850米，是目前世界上跨度最大的三塔四跨悬索桥。
>
> 5.云南龙江特大桥：采用双塔单跨钢箱梁悬索桥，桥面

离江面280米，最高的索塔顶到江面470米。

6. 港珠澳大桥：东接香港、西连珠海及澳门的世界级桥、岛、隧一体化交通集群工程，总长近50千米，堪称"世界级工程"。

7. 苏通大桥：创造了1088米斜拉桥最大跨径、300.4米最高索塔、577米最长斜拉索和131根长117米、直径2.8米/2.5米最大群桩基础等四项世界第一。

8. 杭州湾跨海大桥：一座横跨杭州湾的跨海大桥，曾保持中国世界纪录协会世界最长的跨海大桥世界纪录。

9. 四渡河大桥：中国湖北省恩施土家族苗族自治州境内连接宜昌市与恩施市的高速通道，也是中国国内首座山区特大悬索桥。

10. 贵州北盘江大桥：世界上第一座上承式推力转体式铁路钢管混凝土拱桥，是世界上最高的桥，高度达到565.4米，相当于200层楼高。

除此之外，中国还有很多在全世界很著名的大桥。目前在世界跨径前十位的梁桥、拱桥、斜拉桥和悬索桥中，我国桥梁分别占第四、五、六、七席。

主持铁道科学研究院长达30余年

新中国成立前夕,铁道部将唐山工学院与北平铁道管理学院、华北交通学院合并为"中国交通大学"(后来改名为"北方交通大学")。在广大师生的一致要求下,我被临时委派为中国交通大学校长。

1950年5月20日,我主持召开了中国交通大学第一次校务会议,围绕交大的培养目标展开讨论。我在会上提出,要培养为社会主义服务的高级科技人才。

1950年9月6日,我被正式任命为北方交通大学校长兼铁道研究所所长。

1952年5月,我辞去了北方交通大学的校长职务,专任铁道技术研究所所长。1956年,铁道技术研究所改名为铁道科学研究院,由我担任院长,一直到1980年离任,我主持这个研究机构的时间长达30余年。

经过一段时间的探索,我提出了铁道科学研究院的工作方针和任务。工作方针是:一切为科研,科研为运输。工作任务是:针对铁路生产建设的技术关键,选定铁路发展中的重大、综合、长远理论方面的问题,引进消化国际先进技术,解决铁路现代化的各种科学技术问题。

在这一指导思想的引领下,铁道科学研究院的工作很快就走上了正轨,为中国的铁路建设和运输解决了一个又一个难题,取得了越来越丰硕的研究成果。同时,铁道科学研究院在铁道建设中的重要作用也逐渐显现。

"希望你对这座大桥多多出力"

新中国成立后,我还参与了两项伟大的建设工程——武汉长江大桥和人民大会堂的设计、建造。

其实,早在新中国成立前,我就花了很多时间和精力完成了武汉长江大桥的设计方案。武汉长江大桥为铁路、公路双层联合大桥,大桥的铁路与公路的安排,正桥的桥墩基础与上部的钢梁结构等重要部分,与钱塘江大桥很相似。

1955年2月,武汉长江大桥技术顾问委员会成立,由我和罗英等26位专家组成,并由我任主任委员。全国各地的桥梁专家、学有所长的技术人员很快就汇聚到了武汉。我把曾参加修建钱塘江大桥的技术骨干基本上都调到了武汉长江大桥工程局。

这才是你该追的星
茅以升

施工期间，武汉长江大桥工程局先后向技术顾问委员会提出了14个重要的技术问题，都由我主持召开委员会进行讨论，做出答复。

1955年10月4日，我在《人民日报》上发表了《武汉长江大桥建设和施工的先进性》一文，重点介绍了建造大桥桥墩基础创造的"管柱钻孔法"：把很多直径跟12人围坐吃饭的大圆桌的直径差不多的空心圆形钢筋混凝土"管柱"沉到江底岩盘上，再在管内用大型钻机钻进岩盘，打出一个同管柱内径相等的孔，把这个孔连同上面空心的管柱，全部用混凝土填满，使每个管柱成为一根深深嵌入岩盘的混凝土圆柱。然后，再用一个直径比管柱大10倍的圆形"围堰"，把"管柱群"围起来，在围堰上下两头，用混凝土把各管柱间的空隙填满，使这些管柱成为一个庞大的圆柱。

1956年春天，武汉长江大桥的8个桥墩全面展开施工。6月，江中的桥墩已初具规模。

当时，毛主席还专程到武汉视察大桥工程。他在第三次畅游长江后，即兴写下了脍炙人口的《水调歌头·游泳》。"一桥飞架南北，天堑变通途"成为形容武汉长江大桥的经典名句。

1956年，我完成了《武汉长江大桥》一书，这是武汉长江大桥建筑工程的纪实,没有深奥的定理和公式。

从1955年9月正式开工,到1957年10月15日建成通车,武汉长江大桥仅用了两年多的时间,完全靠中国自己的人力、物力和财力建成,也是当时亚洲最大的现代化大桥。

我参加了武汉长江大桥的正式通车典礼。参加大桥通车典礼的人们,沿着龟山和蛇山,源源不断地来到武汉长江大桥的桥头,大家都沉浸在喜庆气氛中。

看着大家欢天喜地的场景,我不禁回想起建造钱塘江大桥过程中经历的艰难和曲折。我还在这一天写下了《桥梁史上的奇迹》一文。

"要茅以升组长签名保证!"

1958年冬,人民大会堂开始在北京兴建,并要确保在1959年9月完成。

这个工程规模相当庞大,对建筑艺术和结构设计都有很高的要求。宴会厅除有容纳5000人的大厅外,还有交谊厅和小宴会厅,全部建筑面积达到17万平方米。大礼堂有两层挑台,二层挑台外挑29米,三层挑台外挑22米。

这样庞大复杂的结构,不仅国内没有过,国外也没有这样的先例,大家都对安全性没有把握。

1959年2月23日,包括我在内的55位国内著名建筑师和工程专家到北京审定建筑方案,我们被分为建筑组和结构组。结构组由18位专家组成,我任组长。

我们对大会堂的结构设计连续进行了7天的审查,重点讨论了宴会厅的抗震能力和大礼堂挑台的安全问题。当时,人民大会堂的结构工程已在紧张进行,结构组的专家对设计图纸进行了严谨认真的分析,发现原来的结构设计还有不合理之处,需要改进。如果按照这个方案施工,势必会留下隐患。结构组专家精心研究,对所有构件及其布置一一复查,把建议修改和补充的地方拟成报告书。

周总理审阅了报告书,并一再询问人民大会堂的安全程度,最后还指示要由我签名保证。

我深深地感到,这是总理对我的信任,同时又深感责任重大。我认真地复核报告中的每一个细节,最后才慎重地签名呈上。

1959年7月底,难度巨大的人民大会堂主体工程全部完成,仅用时280天。建成后的人民大会堂宏伟壮丽,成为新中国的标志性建筑。值得一提的是,人民大会堂所用的全部建筑材料都是国产材料，充分体现了中国人民自力更生和坚韧不拔的精神。

"你不但是科学家，还是文学家呢！"

1950年，中华全国科学技术普及协会（今中国科学技术协会）在北京成立，我被推选为协会副主席。我不但注重先进科学技术的推广应用，还写了大量的科普文章，向广大群众介绍科技知识。

新中国成立后，我先后在中外报纸和各种期刊上发表文章200多篇，其中，科普性质的文章约占1/3。

我于1962年发表在《人民日报》上的《中国石拱桥》一文，后来还被选入初中语文课本。入选初中语文课本后，我经常收到中学教师的来信，深受感动。

尝试建立新的力学体系

新中国成立后，我开始努力学习马克思主义的唯物辩证法，从纠正力学的基本概念入手，尝试建立新的力学体系。到20世纪60年代，我对新力学的思考已经比较成熟了，开始在一些场合进行讲解，引起了力学界的重视。

1961年3月，我与著名物理学家钱学森一起商讨他提出的力学基本概念问题。

1961年,我写成了《力学中的基本概念》一文,系统地表达了我对力学体系的思考。

1973年,我进一步明确提出"力学中的基本概念应当是能而非力",并以这句话为题写了一篇文章,对《力学中的基本概念》一文中的观点做了进一步的阐述和补充。

科学家小故事

"万人礼堂"改成"人民大会堂"

人民大会堂本不叫这个名字,而叫"万人礼堂"。礼堂建成后,周总理请专家们给"万人礼堂"起个新名字,并发给每人一张纸条,让大家起名。

茅以升接到纸条后,思考了一会,在纸条上写下了"人民大会堂"5个字。周总理看后,直夸这个名字起得好。从此,"万人礼堂"就改成了"人民大会堂"。

12 生命的最后12年

> **科普小贴士**
>
> **茅以升的《桥话》**
>
> 茅以升编写的《桥话》一书，主要讲述关于桥的知识。《桥话》共分八章。
>
> 第一章"桥记"，泛论桥的性质、内容和作用。
>
> 第二章"桥志"，介绍有史以来全国各地主要桥梁的概况。
>
> 第三章"桥史"，就我国历代的名桥、古桥、大桥、长桥、奇特及特殊小桥等各种类型的桥，选取有代表性的约50座，记录其修建简史、结构特点及维修经过。
>
> 第四章"桥工"，畅述我国历史名桥在科学技术上的成就，以及修桥名师巨匠所做的重大贡献。
>
> 第五章"桥典"，记载历史上各地桥的各种故事、轶闻、

佳话，说明桥在人民生活中的作用。

第六章"桥景"，试论桥不但是交通工具，而且是文化生活的必需品，并就一些名胜桥梁，指出桥与环境的关系。

第七章"桥名"，不以地名命而冠以独特称号，是我国桥梁的特点。该章对全国各地桥梁的命名做了系统的叙述，附带一些名桥的命名故事。

第八章"桥文"，从我国历代重要文学作品中，选出包含桥梁字样的"断句"，以见文学家对桥梁的印象，以诗、词、歌、曲为限，唐诗、宋词、元曲中的断句较多。

《桥话》完稿后，在书柜中搁置了一段时间，直到1997年7月才正式出版，受到了广大读者的欢迎。

主要工作就是"科协"和"科普"

从1978年开始，我国进入改革开放和社会主义现代化的伟大征程，迎来了新中国的又一个科学大发展的春天。

1978年3月，全国科学技术大会在北京召开。这在新中国的历史上还是首次，我有幸参加了这个大会。在这次大会上，中央电视台向全世界介绍了我国7位著名的科学家，我是其中的一位。

12 – 生命的最后 12 年

在我生命的最后12年中,我的主要工作就是"科协"和"科普"。

从1958年起,我开始担任中国科学技术协会(简称中国科协)副主席,除了指导中国科协的全部工作,我还主管中国科协下属的中国土木工程学会及中国力学和基础工程学会的工作。

1978年5月,中国科协在上海召开全国科普工作座谈会。作为会议主持人之一,我连夜赶写了《科研与科普的十个关系》一文,比较系统、全面地表达了我的观点。

1980年3月,中国科协举行第二次全国代表大会,我再次当选为中国科协副主席。1986年,中国科协举行第三次全国代表大会,90岁的我从科协领导岗位退了下来,任中国科协名誉主席。

1981年国庆前夕,中国共产党向台湾当局发出了和平统一祖国的号召,我深受鼓舞。

我在全国政协会议上提出,在祖国和平统一的"大桥"正式动工之前,两岸的科技工作者通过相互交流,可以先修一条"引桥",并对这条"引桥"究竟应该怎样修提出了具体建议。

我的这个建议得到我国科技界和有关方面的高

度赞赏。1981年12月10日,《人民日报》还发表了我的这个建议,题目是《茅以升在设计"引桥"》。

1981年,我写的《没有不能造的桥》一文获得新长征优秀科普作品一等奖。后来,我把全部奖金都用到了孩子身上。

1984年,我和其他5位科学家呼吁建立青少年科学基金会。这一提议得到许多单位的响应。不久,北京青少年科学基金会正式成立。

主持完成《中国古桥技术史》的编写

晚年,我参与的最重大的科技活动就是主持完成了《中国古桥技术史》的编写。

1978年10月,在中国科学院自然科学史研究所和交通部科技委员会的支持下,编写委员会成立,由我担任编写委员会主任和桥梁史主编,组织老、中、青三代桥梁工作者正式开始编撰工作。

编写者们从400多种古籍中探微索引,搜集到了丰富的文字资料。除了文字探索,他们还兵分几路赴全国各地,对重点桥梁进行实地调查,拍摄照片与文字考证相结合,分别整理成考察报告。

按分工写出各个章节后,分别在北京、杭州召开讨论会，进行修改、补充。书稿经过反反复复多次修改，力求精益求精。我也为这部书写了前言和概论。

经过几年的艰苦努力，《中国古桥技术史》终于编撰完成，并于1986年由北京出版社正式出版。中国科学院还为此举行了一场新闻发布会。

我在晚年两次访问美国

我分别于1979年和1982年两次访问美国。

1979年6月，中国科协应美国工程师联谊会的邀请，派出由我担任团长的中国科协赴美友好访问团，到美国华盛顿、纽约、匹兹堡、芝加哥、旧金山、洛杉矶六大城市进行参观访问。

代表团肩负着两个重要任务：一是动员在美华人科学家回国讲学或定居；二是参观美国博物馆、科技馆，为我国的科技馆建设做参考。

在约1个月的时间里，不算小型座谈，仅宴请就达38次，我作为代表发言17次。我的真挚发言深深地打动了许多在美华人的心，宴会后，有人表示一定要为祖国效劳。

6月28日，我应邀前往卡内基梅隆大学，接受该校校友特颁给我的"卓越校友"奖。

阔别60年的母校从卡内基理工学院变成了一所规模完整的大学。更没想到的是，在我当年就读的土木工程系的接待室内，我60多年前写的博士论文仍然摆在最显眼的位置。

6月29日，我重游母校康奈尔大学，受到了校长、土木工程系全体教师的热烈欢迎。

1982年10月，我再次到美国，我应美国国家工程科学院的邀请，来接受该院授予我的外籍院士称号。这是美国工程技术的最高荣誉，据说我是获得这个称号的首位中国人。

11月3日，美国工程学会第18届年会在华盛顿开幕，新当选的美国院士48人，外国院士6人。我很荣幸地在第一排就座。美国工程学会主席勃金先生给我颁发了院士证和一枚蔷薇花徽章。

92岁宣誓入党

在我66岁时，我提出加入中国共产党，周总理恳切地回复：你留

在党外可以更好地发挥作用。我反复琢磨周总理的话，觉得这是党对我的信任，也是对我提出的更高要求。此后的20多年里，我始终铭记周总理的这番话，虽然没有再提入党要求，但在行动上，我时刻都以一名共产党员的标准要求自己。

进入90岁高龄后，我知道自己能为党工作的时间已经不多了，如果再不申请入党，这个夙愿可能就实现不了了。

1986年11月22日，写好入党申请书后，我亲自送到许德珩家中，请许老做我的入党介绍人。第二天，许德珩转交了我的入党申请书。

"是继续在党外还是吸收入党，怎样对党有利，对国家和人民有利，我就应当怎样做。"20多年来，我一直都履行着自己的誓言。"如组织上认为我仍以党外人士工作为宜，则可否考虑在我身后完此夙愿。"快要走到人生尽头的时候，我仍然把选择权交给了党。

1987年10月12日，92岁的我一字一句地宣誓入党。

1987年10月14日，就在我入党后的第三天，我因感冒发烧住进了医院。此后，我在医院度过了一生中的最后两年。

1989年11月12日下午，我终于走完了人生的94

个春秋，安然地离开了人世，永远地离开了自己终生热爱的桥梁事业。

> **科学家小故事**
>
> **美国大学校园中的第一座中国人塑像**
>
> 2006年，为了表彰茅以升的卓越成就，卡内基梅隆大学计划为其塑像。
>
> 这个消息虽然引发了争议，但当时的校长瑞德·柯亨最终说服了所有人：卡内基梅隆大学不能因出处、种族否定杰出人物，茅以升的巨大贡献足以名载史册。
>
> 2006年4月18日，茅以升的铜像昂然矗立于卡内基梅隆大学校园。茅以升的雕像是卡内基梅隆大学校园中的唯一一座塑像，也是美国所有大学校园中的第一座中国人塑像。